난 내가
꼭 행복하지 않아도 돼

행복해지기 위해 연연하지 않아도
우리의 삶은 충분한 행복이었다.

정
담
이

김유은

문법에 맞지 않는 문장이 일부 있을 수 있으나
이는 더 큰 공감을 이끌어내기 위함이며,
저자 고유의 글맛을 살리기 위해 표기와 어법은 저자 고유의 문체를 따랐습니다.

정담이 작가의 말

제가 살아가는 세상은 고요합니다. 그래서 더 많은 것들을 보고 느끼며 살아갈 수 있는 것일지 모르겠습니다. 왜 나에게 청각 장애가 왔는지 원망하는 대신에, 눈으로 세상을 담을 수 있음에 감사하는 법을 배웠습니다. 제가 깨달은 모든 감정과 생각들을 이 책에 담으려 노력했습니다.

글을 쓴다는 게 이렇게나 어려운 일인지 몰랐습니다. 머릿속에 가득한 이야기들을 단정하게 풀어내는 건 쉬운 일이 아니었습니다. 책을 쓴다는 설렘과 긴장감 때문에 힘들었던 순간들마다 유은작가님이 없었더라면 아마 금방 포기했을지도 모르겠습니다. 가장 좋아하는 작가님과 함께 원고작업을 할 수 있어서 너무 큰 기쁨이었습니다.

삶을 지탱할 때 중요한 것은 버티는 힘이 아니라 균형이라고 생각합니다. 아무리 단단하게 삶을 버티고 있더라도, 균형이 무너지면 삶의 형태가 무너지곤 합니다. 삶의 균형감을 찾는다는 건 어떤 하나에 연연하지 않은 것입니다. 행복에 연연할 것도 없고, 자기가 잃게 된 것에 연연할 것도 없고, 떠나버린 것에 연연할 것도 없습니다. 잃은 것의 빈 자리는 인정하고, 떠난 것은 잊기 위해 노력하고, 지금이라는 순간을 충실히 살아가면 행복은 자연스레 찾아오는 것 같습니다.

원고를 쓰면서 지난 기억들을 하나씩 다 살펴봤습니다. 저는 제가 청각 장애를 갖게 된 날들로부터 완전히 괜찮아진 거라고 생각했는데, 사실은 아니었던 모양입니다. 혼자 울기도 하고 웃기도 하면서 쓴 글들입니다. 시간이 흘러도 완전히 괜찮아지지 않은 아픔까지 위로할 수 있는 글이 되기를 감히 소망해봅니다. 저는 제가 꼭 행복하지 않아도 됩니다. 그래도 당신은 꼭 행복했으면 좋겠습니다.

2022년
정담이 올림

김유은 작가의 말

많은 책을 썼지만 이번 책은 유난히 첫 책을 쓰는듯한 기분이 들었습니다. 처음으로 공동 집필한 책이라서 그런지, 노트북 앞에 앉을 때마다 설레고 떨렸습니다. 담이의 마음과 생각이 나의 마음과 생각에 닿을 수 있는 작업이라서 소중한 시간이었습니다.

조금 더 대담해져도 되고, 편안하게 생각하며 살아도 괜찮습니다. 멋진 사람이 되려고, 행복해지려고, 애쓰지 않아도 됩니다. 알고 보면 당신은 원래 멋진 사람이고, 행복한 날을 보내고 있다는 걸 알게 되기까지는 시간이 걸릴 것입니다. 재촉하지 말고 자신을 믿고 기다려 줬으면 좋겠습니다. 시간이 흐른다는 건 영원히 좋아할 거라 생각했던 것들이 싫어지기도 하고, 앞으로 싫어할 거라 단언했던 것들이 좋아지기도 하는 일입니다. 많은 게 변화할 만큼 시간이 지나고 나면, 어느 날 당신은 깨닫게 될 것입니다. 자신이 꽤 괜찮은 사람이고, 괜찮은 삶을 살아가고 있다는 사실을요.

자신에게 너그러운 사람이 되었으면 좋겠습니다. 자신의 시시함과 초라한 모습에 관대해져도 괜찮습니다. 완벽히 잘하려고만 하다가, 정작 자기 마음을 아프게 하지는 않아야 합니다. 타인에게 위로를 건네듯, 자신에게 위로할 줄 아는 다정한 사람으로 살아가길 바라봅니다.

문득 스스로 초라하게 느껴진다 해도 그것은 지나갈 감정일 뿐입니다. 소중한 것들을 소중하다고 느끼고, 아껴줄 것은 아껴주면서 모든 시간을 용감하게 살아갈 당신입니다. 지금이라는 순간들이 모여 온전한 인생이 될 것입니다. 마냥 꽃길만 펼쳐진 생은 아니라 하더라도, 삶의 곳곳에 꽃들이 활짝 피어있을 겁니다. 당신의 인생에서 이 책의 한 페이지가 따뜻한 온기로 기억되었으면 좋겠습니다. 부디 당신이 용감하고 즐겁게 살아가길 응원합니다.

2022년
김유은 올림

목차

006-009 　작가의 말

> 정담이 이야기 제 1부
> "난 내가 꼭 행복하지 않아도 괜찮아요"

016　청각 장애가 온 이후의 삶에서 가장 크게 달라진 점
019　정담이라는 사람을 소개할 수 있는 키워드가 있다면?
022　청각 장애가 온 이유를 들려줄 수 있나요?
028　좋아하는 명언이나 문장이 있는지?
030　주인과 함께 특별한 삶을 살아가는 반려견
036　가장 큰 고민 가장 큰 다행
039　나의 행복했던 순간
042　가장 좋아하는 건 무엇인지?
044　제주도가 나에게 주는 의미
047　새로운 사람을 만날 때 가장 중요하게 보는 것
049　좋은 사람이란 어떤 사람일까?
051　정담이에게 '도전'이란
054　삶의 우선순위
058　들을 수 없기에 가장 힘든 점
061　오래도록 기억에 남을 것 같은 사람이 있어요
064　유기견 봉사를 다니며 가장 기억에 남는 일화
067　책을 쓰게 된 계기
070　JTBC 〈효리네 민박〉 프로그램 출연 계기
074　'정담이'에게 '이효리'라는 사람은
078　'정담이'에게 '아이유'라는 사람은

> 김유은 이야기 제 1부
> ─────────────────
> 조바심에 오늘을 흩트리지 말고, 차분히 자신을 믿기를.

086　　자꾸만 조바심이 들 때

092　　자존감이 낮아졌을 때

098　　살아감과 함께 변화하는 것들에 대하여

104　　고민이 너무 많을 때

112　　친구가 많지 않은 것 같아 우울하다면

119　　인생에서 가장 중요한 것은 '돈'일까?

126　　인간관계에서 내가 다치지 않는 법

132　　SNS 끊어야 할까요?

138　　남의 말에 스트레스 받지 않는 방법

144　　새로운 인연을 만날 때 고려하는 점

150　　힘든 시간을 보내고 있는 사람에게

정담이 이야기 제 2부

용기를 전하는 사람이 되고 싶어요.

158 　번아웃이 왔을 때 이겨내는 법
162 　고민이 너무 많을 때 이겨내는 나만의 팁
164 　'시작'에 빠르고 늦음이 있을까
168 　실수 혹은 실패에 대하여
170 　유튜브를 시작하게 된 계기
172 　시간이 지나면 '다 괜찮아진다'는 말
174 　인간관계에서 가장 힘들었던 경험
176 　자존감이 낮아지고 있다고 느껴질 때
180 　결혼에 대한 생각
184 　장애인에게 용기를 전하는 사람이 되고 싶어요.
186 　앞으로 하고 싶은 일 그리고 목표
188 　'패션'에 대한 특별한 생각이 있나요?
191 　반려견과 아주 잠시라도 대화할 수 있는 기회가 주어진다면
194 　40대의 정담이에게
196 　〈효리네 민박〉 출연 후 모든 방송 섭외를 다 거절한 특별한 이유
198 　평생 잊지 못할 친구
202 　위로에 대해서
204 　후천적 장애로 힘들어하고 있는 이에게

김유은 이야기 제 2부
그럼에도 불구하고 삶은 살아볼 만하니까

210 요즘 가장 큰 고민은 무엇인가요?

216 나만 뒤처진 것 같은 기분이 든다면

224 삶이 윤택해지는 습관

229 스트레스 해소법

236 예전의 행복을 서서히 잊어간다 해도

242 습관

247 삶의 우선순위

252 시간의 흐름을 체감하는 순간들

258 앞으로 어떻게 살아야 할까요?

264 이뤄내고 싶은 것들

270 행복해지는 방법

정담이 이야기
제 1부

"난 내가 꼭 행복하지 않아도 괜찮아요"

청각 장애가 온 이후의 삶에서
가장 크게 달라진 점

((

생각이 많아졌다. 특히 밤이 되면 생각이 줄지어 일어난다. 귀가 들렸을 때는 좋아하는 가수의 전곡을 틀어놓고, 노래를 들으며 잠이 들곤 했다. 지금 내 귀는 노래소리를 듣지 못한다. 아무것도 들리지 않는 밤은 너무 조용하다. 내가 원하지 않았던 고요함은 가끔 나를 힘들게 만든다. 어두운 방에 가만히 누워있으면 이 지구에 나 혼자만 덩그러니 남겨진 기분이 든다. 어떤 소음도 없이 조용해서 잠들기 힘든 밤이면, 나와 나에 대한 것들을 생각한다.

오늘 내가 뭘 했는지, 누굴 만났는지, 무슨 대화를 나눴는지, 혹시 내가 했던 말들 중에서 말실수는 없었는지 되새겨본다. 그러다가 가끔 평소에는 애써 외면했던 생각들이 불쑥 떠오르기도 한다. 왜 나에게만 이런 일이 일어났을까. 나는 왜 청각 장애가 생겼을까. 원망도 해보고, 슬퍼도 해보다가, 그래도 어쩔 수 없는 일은 받아들여야 한다는 걸 다시 깨닫는다. 귀가 안 들리는 것까지도 내 모습임을 인정한다. 원래의 내가 어떤 사람이었다는 사실보다 지금의 정담이라는 사람이 어떤 사람인지가 더 중요하다는 걸 알고 있다.

귀가 들리지 않게 된 이후로, 밤마다 하루를 되돌아보는 습관이 생겼다. 나에 대해서 많이 생각한 덕분에, 말할 때도 더 조심히 말할 수 있고, 행동할 때도 한 번 더 신중하게 고민해본다. 노래를 듣는 시간이 사라진 대신에 나의 하루와 내 이야기를 더 깊게 들을 수 있는 시간이 만들어진 것이다. 전에는 미처 잘 알지 못했던 나에 대해서 더 잘 알아가고 있다.

나의 밤은 고요하고 소란스럽다. 조용하지만 내 머릿속은 분주하다. 살아온 것, 살아낼 것, 살아보고 싶은 것들을 생각한다. 그리고 매일 밤 하루의 끝에서 생각한다. 지금을 살아갈 수 있음에, 세상을 볼 수 있음에 감사하다고.

세상을 볼 수 있음에,
지금을 살아갈 수 있음에 감사하다고.

정담이라는 사람을 소개할 수 있는 키워드가 있다면?

《

〈효리네민박〉이 방영하고 나서 친구에게 연락이 왔다. 포털사이트 실시간 검색어 순위 1위에 내 이름이 올랐다는 이야기였다. 갑작스러운 관심에 놀라기도 했고, 의아스럽기도 했다. 내가 나왔던 영상이 화제가 되자, SNS로 많은 분들이 내 긍정적인 모습을 보고 힘을 얻었다면서 고맙다는 메시지를 많이 보내주셨다.

나는 특별한 사람이 아니다. 내가 지금 처해있는 상황에서 최대한 좋은 점을 찾아보려고 노력했을 뿐이었다. 굳이 불행해지려고 하지 않고, 이왕이면 긍정적으로 살려고 했다. 그런 나를 좋게 봐주시는 분들에게 참 고마웠다. 지금도 가끔 〈효리네민박〉 재방송을 보고 메시지를 보내주시기도 한다. 내 상황을 그대로 인정하고 재미있게 살아보려고 노력한 것인데, 그게 누군가에게 힘이 되었다는 사실 자체가 감사할 뿐이다.

나를 소개하는 키워드는 '후천적 긍정'으로 하고 싶다. 나는 태생이 긍정적인 사람이라기보다는, 노력으로 만들어진 긍정적인 사람이다. 갖지 못한 것에 슬퍼하고 원망하는 것보다, 갖고 있는 것에 집중한다. 청각 장애에 좌절해버리거나 포기하고 싶지 않았다. 귀가 들리지 않아서 불편하지만, 그것이 내 삶을 망가지게 할 수 없었다. 그래서 모든 것에 대해서 조금 더 긍정적으로 생각하고 바라보려고 했다.

언제나 좋을 수만은 없고, 항상 나쁜 일만 있을 수도 없다. 모든 순간을 이겨내는 힘은 자신의 마음에 있는 법이었다. 넘어진 순간에 필요한 것은 좌절감이 아니라 다음을 꿈꿔볼 수 있는 희망이니까.

청각 장애가 온 이유를
들려줄 수 있나요?

(

　중학교 2학년 때였다. 그때의 나는 음악 듣는 걸 좋아하고 떡볶이를 좋아하는 평범한 학생이었다. 여느 때와 같은 날들을 보내고 있었는데, 갑자기 극심한 두통이 찾아왔다. 약국에서 파는 두통약으로는 해결되지 않는 통증이었다. 학교를 못 갈 정도의 고통이라서 할머니 손을 잡고 집 근처 병원에 갔다. 의사 선생님께서 조그맣고 작은 갈색 약을 처방해줬다. 이 약을 먹으면 두통이 나아질 거라고, 혹시라도 나아지지 않으면 꼭 큰 병원에 가야 한다고 그랬다.

다행스럽게도 처방받은 약을 먹고 두통이 호전되는 걸 느낄 수 있었다. 완전히 괜찮아진 것은 아니었지만 서서히 괜찮아질 거라고 믿었다. 내 예상과는 다르게 보름쯤 지났을 때 극심한 두통이 시작되었다. 전에 갔던 병원에 다시 갔고, 같은 약을 처방 받았다. 의사 선생님의 당부도 동일했다. 그 약을 먹고도 나아지지 않으면 큰 병원을 가보라고. 나에게는 상관없을 것처럼 느껴졌던 의사 선생님의 그 말이 내 현실이 되어있었다. 갈색 약은 내 두통에 더 이상 도움이 되어주지 못했다.

종합병원에서는 내 머리에 이상이 있는 것 같으니 CT 촬영을 해야 한다고 그랬다. 아직 학생이었던 나는 아무것도 모른 채, CT를 찍고 할머니와 병원 대기실에서 기다리고 있었다. 간호사 선생님이 우리 할머니에게 다가오더니 의사 선생님과 이야기하셔야 할 것 같다고 그랬다. 그렇게 내 상태가 심각한 건가, 괜히 무서워졌다. 할머니가 일어나 의사 선생님이 있는 진료실로 들어가려 할 때였다. 할머니와 내 옆에 앉아있던 할아버지가 갑작스럽게 바닥에 구토를 하는 것이었다. 놀란 마음을 붙잡고 그 할

아버지를 걱정하며 진료실로 들어갔었다. 의사 선생님이 심각한 표정으로 말하는 소견을 듣고서, 바로 구급차를 타고 대학병원으로 이송되었다. 대기실에서 봤던 그 할아버지보다 내가 더 아픈 상태였던 것이다.

대학병원에 바로 입원하고 나서 한 달여간 치료를 받았다. 치료해도 호전되지 않는 내 상태를 살펴보더니, 이 병원에서는 나를 수술할 수 있는 기계가 없다고 했다. 더 큰 대학병원으로 이동하길 권했다. 다시 옮긴 대학병원에서 처음으로 감마나이프 방사선 수술(무혈 뇌 수술)을 받게 되었다. 당시 내 나이는 열다섯이었다. 빨리 집에 가고 싶었고, 회복해서 학교에 있는 친구들을 보고 싶었다. 수술이 끝나서 퇴원한다는 것 자체가 큰 기쁨이었다.

퇴원 후에 전처럼 생활하고 있었다. 집에서 TV를 보고 있는데 할머니께서 말씀하셨다. 내가 음량을 유난히 크게 해놓고 본다는 것이었다. 나에게는 TV 소리가 그다지 크게 느껴지지 않았었다. 할머니의 손에 이끌려서 이비인후과를 갔다. 청력검사 결과 오른쪽 귀가 안 들리는 상태였다. 중학교 2학년이었던 그때부터 스물두 살까지 한쪽 귀로만 듣고 생활했었다. 조금 불편했지만 괜찮았다. 남들처럼 온전히 들리는 것은 아니지만, 소리를 들을 수 있어서 일상이 불편하지 않았다. 노래도 들을 수 있고 친구들과 생활하는 것에도 지장이 없었다. 나의 시련은 그걸로 끝인 줄 알았는데, 세상은 나에게 또 다른 아픔을 줬다.

 스물두 살에 다시 감마나이프 방사선 수술을 해야 했다. 머리 수술 결과는 괜찮다고 했지만, 귀가 말썽이었다. 청력이 남아있었던 왼쪽 귀마저도 소리가 점점 안 들리기 시작한 것이다. 걱정되는 마음에 대학병원에서 청력 정밀 검사를 받았다. 결과는 불안한 예감 그대로였다. 나머지 귀도 청력을 잃은 것이다. 의사 선생님은 감마나이프 방사선 수술이 원래 후유증이 거의 없다고 그랬다. 그래서 왼쪽 귀의 청력은 점차 회복될 것이라고 말했다. 내 귀가 안 들리는 건 일시적인 현상이라는 말에, 다행이라는 생각을 했다. 언젠가 정상으로 돌아올 것 같아서, 당장 들리지 않아도 담담하게 지낼 수 있었다.

한 달이 지나고, 두 달이 지나고, 반년이 지났을 때까지 교수님의 말과 다르게 내 귀는 들리지 않았다. 나는 내 현실을 직시해야 했다. 내 청력은 돌아오지 않는구나, 앞으로 쭉 들을 수 없겠구나. 당연히 괜찮아질 것이라고 생각했던 어느 날, 내 상황을 정면으로 맞닥뜨린 것이다. 이젠 뭘 하지. 뭘 할 수 있을까. 귀가 안 들리는데 괜찮을까 하는 두려움이 끊임없이 나를 맴돌았다.

귀가 안 들려도 어떻게든 살아가는 게 삶이 아닐까 싶었다. 내 상황을 인정하고, 청각 장애를 갖고서 일상을 살아가야 했다. 소리가 들리지 않아도 사람들과 대화할 수 있도록 입 모양을 보고 무슨 말인지 알아듣는 연습을 했다. 사람마다 입술을 쓰는 범위도 다르고, 근육의 힘도 달라서 처음에는 애를 먹었다. 꾸준한 노력 끝에 사람들과 의사소통하는 것에 이전만큼 큰 불편함을 느끼지 않는 상태가 될 수 있었다. 들리지 않아도 뭐든 할 수 있었고, 즐겁게 살 수 있었다.

양쪽 귀가 다 안 들렸을 때, 정말 많이 울었었다. 그때의 눈물을 닦아내고, 불안감을 떨쳐내고, 오늘의 내가 있다. 들리지 않아도 소리를 보고 느끼며 살아가는 내가 있다.

귀가 들리지 않아도,
어떻게든 살아가는 게 삶이 아닐까 싶었다.
들리지 않아도 뭐든 할 수 있었고, 즐겁게 살 수 있었다.

나는 오늘도 그때의 눈물을 닦아내고,
나는 오늘도 그때의 불안감을 떨쳐내고 있다.

좋아하는 명언이나 문장이 있는지?

((

 특별한 말은 아니지만, 좋아해서 자주 쓰는 말은 있다. '대충 열심히 살자.'라는 말이다. '대충'이라는 단어와 '열심히'라는 단어는 정반대의 의미다. 우리는 언제나 열심히 살기 위해 노력한다. 그래서 더 스트레스받고, 더 잘해야 한다는 강박감에 쉽게 지쳐버리는 것일지도 모른다. 대충이라는 말이 붙으면, 잠깐이라도 긴장감이 풀어지는 그 느낌이 나는 좋다.

 친구들이나 주변 사람들을 보면 대단하다고 느껴질 정도로 다들 최선을 다해서 살아간다. 각자의 꿈을 향해 부지런히 노력하는 게 보인다. 사업을 하는 친구도 있고,

자영업을 하는 친구도 있고, 직장을 다니는 친구도 있다. 옆에서 보기에 저렇게 바쁘면 하루가 부족하지 않을까 걱정될 정도이다. 그런데도 당사자들은 본인이 남들보다 한참 부족하다며 더 열심히 해야 한다고 말한다.

충분히 열심히 하는 일에 대해서 더 열심히 해야 한다고 다그치는 건 정서적으로 도움이 되지 못할 것 같다. 긴장하고 있는 마음을 한 번씩 풀어주는 게 필요하다. 나도 일하면서 무의식적으로 내가 나를 다그치고 있을 때, 대충 열심히 살면 된다고 속으로 생각한다. 너무 과하게 열심히 살다가 방전되지 않았으면 좋겠다. 긴장감을 풀어도 괜찮은 방향으로 잘 흘러갈 것이다. 혹시 지금 긴장된 마음으로 달려가고 있는 이에게 말해주고 싶다.

"대충 열심히 살아요 우리."

'대충'이라는 말이 붙으면,
잠깐이라도 긴장감이 풀어지는 그 느낌이 나는 좋다.

"대충 열심히 살아요 우리."

주인과 함께
특별한 삶을 살아가는 반려견

((

 강아지 두 마리를 키운다. 한 아이는 15살이 된 미니핀인데 이름은 꽁순이다. 다른 아이는 8살 된 푸들이고 이름은 바니이다. 나에게 강아지들은 가족이다. 말로 표현할 수 없을 정도로 커다란 사랑을 주고받는 존재이다. 보고만 있어도, 붙어있기만 해도 행복해지는 강아지들을 사랑하지 않는 일이란 불가능하다.

 꽁순이는 지금 나이가 많아서 눈이 거의 보이지 않는다. 후각이나 청각에 의존해서 생활하고 있다. 최근 들어서 내가 부르는 소리에 반응을 안 할 때도 있고, 외부의 소음에도 가만히 있는 상황이 늘어나는 것을 보면 청력도 나빠지고 있는 것 같다.

바니는 유기견이었던 아이다. 나를 만나기 전에 어떤 일이 있었는지는 모르지만, 중장년의 남성을 굉장히 무서워한다. 길을 가다가도 아저씨를 보면 몸을 떨면서 짖는다. 그 모습을 볼 때마다 저 작은 아이에게 얼마나 큰 고통스러운 기억이 있을까 싶어서 마음이 아프다.

나와 꽁순이랑 바니는 집에서 늘 같이 시간을 보낸다. 꽁순이는 내가 안고 다니고, 바니는 나를 쫄래쫄래 쫓아온다. 서로에게 결핍된 부분을 사랑으로 채워낸다. 꽁순이는 내가 머리 수술을 하고 힘들어했을 때, 옆에서 종일 걱정해줬다. 마치 위로해주는 것처럼 꼭 붙어서 내 얼굴을 핥아줬었다. 지금은 꽁순이가 눈이 안 보이는데도 내가 우는 것 같거나, 기분이 안 좋은 날이면 어떻게 알아채고는 내 앞에 자리 잡고 앉는다. 애교도 부려주고, 눈물을 핥아주기도 한다. 다 괜찮아질 거라고 말해주는 것 같다.

나는 추위를 많이 타는 편이라 잘 때 이불을 잘 덮고 자는데도 새벽에 한 번씩 추워서 깰 때가 있다. 깨는 순간이면 신기하게도 꽁순이와 바니가 와서 자기들의 체온을 빌려준다. 꽁순이는 내 가슴 위로 올라오고, 바니는 내 옆구리에 쏙 들어온다.

바니는 겁이 많은 아이다. 사회성을 더 길러주고 싶어서 훈련도 받아보고, 함께 교육도 다녔는데 영 좋아지지 않았다. 아마 유기견 시절에 겪었던 경험 때문일 수도 있다고 그랬다. 그래서 굳이 바니의 성격을 고치려고 하기보다는 내가 더 신경 써주고 든든하게 지켜주기로 했다. 꽁순이와 바니가 나를 지켜주듯이, 나도 아이들을 위해 더 용감해지고 있다.

나는 모든 소리가 아예 안 들리는 게 아니고, 아주 큰 소리는 들린다. 예를 들면 자동차 경적 소리 같은 건 들을 수 있다. 다만 그게 일반 사람들이 느끼는 빵빵 소리가 아니라, 나에게는 폭탄이 떨어지는 것 같은 무서운 소리로 들린다. 우리 강아지들은 그런 내 상황을 알고 있는 것처럼 평소에 잘 짖지 않는다. 아이들이 나를 위해서 짖고 싶어도 참는 것인지, 아니면 순한 아이들인지 모르겠지만 모든 게 고마울 뿐이다.

아침에 눈을 뜨면 가장 먼저 볼 수 있는 사랑스러운 존재들이 내 곁에 있어 줘서 매일 행복하고 감사하다. 사랑하는 나의 강아지들이 언젠가 나를 떠날 거란 걸 알고 있다. 꽁순이와 바니가 앞을 잘 못 봐도 괜찮고, 소리를 아예 듣지 못해도 괜찮고, 배변 실수를 하는 날이 잦아져도 괜찮다. 그저 내 곁에서 하루라도 더 오래 함께해주면 좋겠다. 꽁순이와 바니가 최선을 다해 오래 살아주기만을 바랄 뿐이다. 내가 더 최선을 다해 사랑할 테니. 다가올 모든 날에 사랑을 줄 테니.

항상 나에게 다 괜찮아질 거라고 말해주는 것만 같아.

그런 너희가 나와 하루라도 더 오래
함께해주길 바랄 뿐이야.

바니

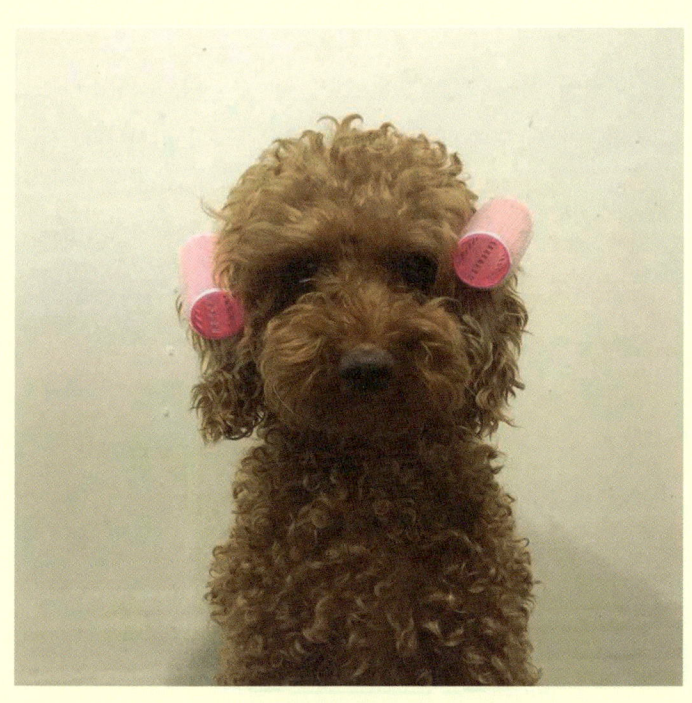

꽁순이

정담이이야기

난 내가 꼭 행복하지 않아도 돼

가장 큰 고민
가장 큰 다행

((

 요즘은 눈 때문에 고민이다. 갑자기 오른쪽 얼굴에 마비가 와서, 오른쪽 눈이 잘 보이지 않는 상태다. 이것 때문에 아무것도 하기 싫고, 사소한 일에도 감정이 쉽게 변한다. 병원에서 검사도 했고, 입원 치료도 받았고, 지금도 여전히 약물치료를 받고 있지만 좀처럼 나아지질 않는다.

 귀가 안 들리고 나서부터는 내가 느낄 수 있는 감각에 대해서 더욱더 소중하게 여기고 있다. 특히 볼 수 있음에 늘 감사하며 살았었다. 들을 수는 없어도 사랑하는 사람들을 볼 수 있고, 내 강아지들을 볼 수 있음에 감사했다.

그런데 갑자기 한쪽 눈이 안 보이게 되자 너무 무서워졌다.

안면마비 때문에 병원에 입원했을 때, 밤마다 쉽게 잠들지 못했다. 마냥 무서워서 울어야 했다. 나는 귀도 안 들리는데, 설마 눈까지 안 보이게 되는 걸까. 소리를 들을 수 없는데, 보는 것 조차 할 수 없어지면 어떡하지. 나에게 왜 이렇게 힘든 일들이 계속 일어나는 것인지 세상을 원망하기도 했고, 어딘가 있을지 모르는 신을 찾기도 했다. 먹구름이 낀 날들은 오랜 기간 계속되었다.

커다란 먹구름이 한바탕 비를 쏟아내고 지나갔다. 여전히 내 오른쪽 눈은 잘 보이지 않고, 나아진 것은 없다. 대신에 나는 내 왼쪽 눈이 있음에 감사하기로 했다. 눈이 있어서 사랑하는 사람들의 입 모양을 볼 수 있다. 그들이 내게 해주는 말을 볼 수 있고, 나를 위한 마음을 느낄 수 있다. 그것만으로 다행이다. 반년이 넘도록 돌아오지 않는 오른쪽 눈을 가리기 위해 사용해본 안대가 수십 종류가 넘는다. 이제는 어디 제조사에서 나온 게 나에게 편한지 알 정도로 내 상황에 적응했다. 마냥 슬퍼만 하지 않는다. 이제부터는 그만 슬퍼하기로 했다. 지금 내가 볼 수 있음에, 이렇게 내 이야기를 할 수 있음에 감사하기로만 했다.

아무리 노력해도 해결할 수 없는 고민이 내 고민인 것 같다. 언젠가 다시 내 오른쪽 눈이 돌아온다면 좋겠지만, 지금 왼쪽 눈이 잘 보여서 다행이다. 다시 용감하게 살아갈 수 있어서, 그것만으로도 참 다행이다.

지금 내가 볼 수 있음에,
이렇게 내 이야기를 할 수 있음에 감사하다.

다시 용감하게 살아갈 수 있다,
그것만으로도 참 다행이다.

나의

행복했던 순간

(

고등학생 때 자주 행복하다고 느꼈다. 평범한 학생의 일상들이었지만 지금 돌아보면, 그때의 내가 부럽게 느껴지기도 한다. 친구의 입을 보지 않아도 대화를 편하게 했었고, 쉴 새 없이 수다를 떨고, 장난치고, 놀았었다. 가만히 앉아서 공부하는 것보다 쉬는 시간에 친구들과 재잘재잘 떠들었던 게 훨씬 더 좋았다. 그때는 걱정이 딱히 없었던 것 같다.

고등학생 때 사귀었던 동갑내기 남자친구가 있었다. 그 남자친구와 내 친구들이랑 다 같이 떡볶이를 먹었던 때를 생각하면 지금도 잔잔한 미소가 나온다. 그때의 나는 지금보다 더 밝고 용감했고, 웃음이 많았던 학생이었다.

얼마 전 내 생일에 고등학교 친구들과 다 같이 밥을 먹었다. 그 자리에 우연히 전 남자친구도 나왔었다. 이제는 돌아갈 수 없는 시간이지만, 그리웠던 순간이 잠시나마 현실로 재연되는 것 같았다. 밥 먹는 내내 평소보다 자주 웃었다. 나는 달라진 게 많아졌지만, 한결같이 내 친구라는 자리를 지켜주는 이들이 존재해서 다행이었다.

함께하면 순식간에 행복했던 고등학생 시절로 돌아가게 해주는 친구들이 있어서 고맙다. 지난 추억을 편하게 이야기할 수 있고, 시시콜콜한 고민을 털어놓을 수 있는 이들이 있다. 그래서 나는 먼 훗날 되돌아봤을 때 살아가고 있는 지금 이 순간들을 행복했다고 또 추억할 것 같다. 행복이라 기억될 순간을 만들어 주는 이들이 있어서 내일의 나도 행복할 것이라 믿는다.

문득 힘들어지는 날이나, 우울한 날이면 고등학생 때 추억을 꺼내 본다. 어려서 용감했고, 건강해서 마냥 해맑았던 나를 떠올린다. 지금 나의 웃음도 그때의 웃음을 닮아 있을까.

"지금 나의 웃음도 그때의 웃음을 닮아있을까."

건강해서 마냥 해맑았던
그때의 나의 웃음이 가끔은 그립기도 하다.

가장
　　좋아하는 건
　　　　무엇인지?

《

　좋아하는 게 참 많다. 다양한 것들 중에서 최근에 가장 좋아진 것은 여행이다. 여행이 좋아진 것은 몇 년 전부터이다. 〈효리네 민박〉 덕분에 태어나서 처음으로 혼자서 여행을 하게 되었다. 제주도를 다녀온 이후로 '여행'이라는 게 너무 좋아졌다. 새로운 공간과 낯선 분위기 속에서만 느낄 수 있는 감정이 특별하다는 걸 알았다. 사진으로 담을 수 없는 그 순간의 분위기와 장면을 얻어가는 게 여행인 것 같다.

전에는 여행을 간다는 게 막연했었다. 어디를 가야 하는 건지도 잘 모르겠고, 가서 뭘 해야 할지도 막막했다. 막상 해보니까, 여행이라는 것은 정해진 틀이 있는 게 아니었다. 여행지의 장면을 눈에 담고, 마음에 담는 게 여행이었다. 특별한 뭔가를 하지 않아도, 충분했다.

여행을 떠날 때마다 새로운 것을 보고, 더 많은 것을 느끼고, 맛있는 것을 먹고, 추억 하나를 얻어간다. 추억은 살면서 지칠 때 머금을 사탕 같은 것이다. 여행이 주는 달콤한 추억들을 잔뜩 마음에 담아놓는다. 언제라도 꺼내볼 수 있게.

제주도가 나에게 주는 의미

((

제주도는 내가 잃어버린 것을 찾아준 곳이다. 자존감이 바닥까지 떨어져서 힘들었을 때, 〈효리네 민박〉이라는 프로그램을 통해 제주에 갔었다. 그곳에서 만나게 된 소중한 인연들이 불어넣어 준 응원과 애정들은 내 안에 들어와 행복이 되었다.

얼마 전에도 혼자 제주도로 여행을 다녀왔다. 다시 예전처럼 자존감을 찾고 싶어서 제주도를 찾았다. 안면 마비 치료를 위해서 약물치료를 받고 있는데, 약물 부작용이 생겼다. 얼굴이 붓고 많이 달라진 탓에 거울을 볼 때마다 힘들었다. 내가 너무 싫어지고, 삶이 너무 퍽퍽하게 느껴졌었다. 제주도에 도착하자마자, 청량한 햇살과 푸르른 바람이 나에게 다 괜찮다고 위로해주는 것 같았다.

제주도 애월에 내가 좋아하는 돈가스 식당이 있다. 돈가스도 맛있지만, 그곳에서 바라보는 노을이 너무 예쁘다. 어떤 말이 없어도 그 온기만으로 위로가 되는 게 있는데 제주도의 노을이 그랬다. 밥을 먹고 우연히 들린 동네는 관광지와 다르게 무척이나 조용했다. 아담하고 고즈넉한 동네를 걸어 다니면서 생각했다. 아마 나는 노년에 제주도에서 살고 있을 것 같다고.

서울에 있을 때와 다르게 제주도에 오면 마음이 편안해진다. 바닷가에 앉아서 잔잔한 파도를 보는 것도 좋고, 수평선 너머의 하늘을 바라보는 것도 좋다. 제주는 말이 없지만, 나에게 말을 걸어주는 것만 같았다.

제주도는 나에게 특별함을 넘어선 아주 큰 특별함이다.

살면서 마음이 버거울 때마다 찾아갈 안식처이기도 하다. 제주에 안겨 힘을 얻고서 부지런히 살아갈 날을 꿈꾸며 돌아온다. 여전히 사는 게 어렵고, 내 의지와는 다르게 흘러가는 삶에 당황하기도 한다. 버티고 버티다가 정 안 될 때면 다시 제주도를 찾을 것이다. 답을 알려주지는 않지만, 답을 꼭 찾지 않아도 괜찮다고 말해줄 테니까.

"버티고 버티다가 정 안 될 때 다시 찾아올게."

"답을 알려주지는 않지만,
답을 꼭 찾지 않아도 괜찮은 거라고 내가 이야기해줄게."

새로운 사람을 만날 때
가장 중요하게 보는 것

(

 새로운 사람을 만나는 걸 좋아한다. 전에는 몰랐던 사람이었지만 나와 인연이 되었다는 건 너무 기분 좋은 일이다. 새로운 사람을 만날 때면 표정을 주의 깊게 보는 편이다. 아무래도 나는 상대의 입 모양을 봐야 하기 때문에, 자연스럽게 내 앞에 있는 사람이 짓는 찰나의 표정에서 순간적으로 변화하는 감정까지 잘 느끼게 되었다.

 청력을 잃으면서 시각적인 부분을 받아들이는 게 더 섬세해지고 예리해진 것 같다. 하나를 잃게 되면 다른 부분이 더 발달 되듯이 말이다. 새로운 사람을 볼 때면 목소리나 말투에서 느끼지 못하는 걸 표정을 통해서 느끼곤 한다. 집중하는 표정, 말을 들어주는 눈빛 같은 것들을 보면서 이 사람은 어떤 사람이구나 생각해본다.

상대가 입으로는 대답하고 있어도, 지금 내 말을 집중하고 있는 것인지 아닌지 알 수 있다. 말을 잘 들어준다는 건 상대를 온전히 이해하려는 마음이 있어야 하는 것 같다. 전에는 눈을 봤다면, 지금은 입과 눈을 동시에 본다. 입에서 나오는 말과 눈에서 비춰주는 마음이 일치하는 사람이 좋다.

운이 좋게도 주변에 좋은 사람들이 많다. 앞으로도 만나게 될 사람들이 좋은 사람들일 거라고 믿는다. 진실한 마음을 눈과 입으로 이야기하는 사람을 만날 것이라고.

입에서 나오는 말과
눈에서 비춰주는 마음이 일치하는 사람이 좋다.

좋은 사람이란
어떤 사람일까?

)(

 솔직한 사람이 좋은 사람이라고 생각한다. 굳이 거짓을 덧붙여가며 허세 부리는 걸 제일 싫어한다. 담백하고 솔직한 사람만이 갖고 있는 단정함이 좋다. 사람과 사람 사이에서 신뢰가 가장 중요하다고 생각한다. 솔직함의 벽돌이 쌓이고 쌓여야 두껍고 단단한 신뢰가 만들어지는 것이 아닐까.

 입으로는 다정한 말을 하면서 눈으로는 다른 내면을 보이고 있는 사람이라던가, 순간을 모면하기 위해 있지도 않은 일을 지어내는 사람과 절대 진심을 나눌 수 없다.

지금까지 돌아보면 내 주변 사람들이 어떤 잘못을 했다고 하더라도, 솔직하게 말했다면 용서했었다. 자신의 잘못을 합리화하려고 하거나, 잘못을 숨기려 거짓에 거짓을 덧붙이는 사람이면 뒤도 돌아보지 않고 끊어냈다.

좋은 사람은 완벽한 사람이 아니다. 사람은 사람이기에 누구나 실수하고 잘못하기도 한다. 그것을 인정하고 진정으로 반성할 줄 아는 사람이 좋은 사람이다.

나도 더 좋은 사람이 되고 싶다. 내 주변 사람들에게 대단한 걸 해줄 수는 없지만, 그들이 나로 인해 아파하지 않고 상처받지 않도록 더 잘 살아 보고 싶다. 담백하고 따뜻한 사람으로.

정담이에게 '도전'이란

((

나에게는 하루하루가 도전이었다. 청각 장애를 갖게 된 이후로 갑자기 변한 일상에 적응해야 했다. 외출하는 것, 사람을 만나는 것, 모르는 사람과 대화하는 것. 모든 게 도전이었다. 지금이야 다 익숙해졌지만 그때는 큰 용기가 필요한 것들이었다. 도전하고, 좌절하기도 하고, 성공에 뿌듯해하면서 더 성장했다.

성인이 되고 나서도 운전면허의 필요성을 못 느낀 탓에 면허 없이 지내고 있었다. 양쪽 귀가 다 안 들리게 됐을 때, 문득 나도 운전을 도전해보고 싶어졌다. 평소에는 그다지 관심도 없었는데, 새로운 걸 해보고 싶었다. 무작정 증명사진을 챙겨서 운전면허 시험장으로 향했다. 접수부터 해보자는 마음이었다. 신기하게 그날 1차 필기시험에 합격하게 되었다.

다음이 문제였다. 기능 시험과 도로 주행을 통과해야 하는데, 나는 네비게이션 안내 소리를 들을 수 없었다. 청각 장애인을 위한 자막이 있지만, 처음 해보는 운전이기에 자막을 보면서 운전하는 건 불가능했다. 일단 도로 주행으로 가게 될 모든 코스들을 다 외웠다. 길은 어디로 가야 하는지, 속도는 어디서 내야 하고, 어디서 줄여야 하고, 비보호는 어디인지 같은 것들을 무작정 외웠다. 그리고는 기능시험, 도로 주행까지 한 번에 합격했다.

사실 운전면허는 누구나 딸 수 있는 자격증이다. 운전도 누구나 하는 것이지만, 당시의 나에게는 큰 도전이었다. 청각 장애가 생기고 나서 처음으로 성취한 일이었다. 안 들리는 나도 할 수 있다는 큰 성취감과 뿌듯함이었다. 그 후로 내가 할 수 있는 것들을 여기저기서 찾아냈고, 하고 싶은 일들에 도전해 볼 수 있었다.

도전을 앞두고 있노라면 수많은 고민과 불안함이 생겨나기 마련이다. 나는 일단 도전해 보라고 응원해주고 싶다. 모든 일을 다 성공하면서 살 수는 없다. 실패가 무섭다고 해서 당신의 도전을 스스로 막지 않았으면 좋겠다. 안 되면 또 하면 되는 것이고, 방법은 어떻게 해서든 나타나기 마련이니까.

도전을 앞두고 있노라면
수많은 고민과 불안함이 생겨나기 마련이다.

실패가 무섭다고 해서
도전을 스스로 막지 않았으면 좋겠다.

안 되면 또 하면 되는 것이고,
방법은 어떻게 해서든 내 앞에 나타나기 마련이니까.

삶의
  우선순위

⟨

 가족이다. 가족만큼 나에게 커다란 존재는 없다. 할머니, 아빠, 강아지들이 내 삶에서 우선순위이다. 부모님은 내가 어렸을 때 이혼하셨다. 나는 줄곧 아빠와 할머니, 할아버지와 함께 살았다. 할아버지가 돌아가시고 나서는 내가 의지할 사람은 아빠와 할머니뿐이었다. 청각 장애가 생긴 이후로는 나 혼자서 할 수 없는 일도 생겨났었다. 전화 통화 같은 가장 일상적인 부분도 나에게는 어려움이 된 것이다. 그래서 더욱 아빠에게 의지하게 되었다.

짜증도 많고 애교도 없는 딸이지만, 그런 나를 언제나 받아주는 사람이 우리 아빠다. 아빠한테는 짜증 내지만 사실 마음속으로는 늘 미안하고 고마운 마음을 갖고 있다. 내가 병원에 주기적으로 다녀야 할 때, 병원에 입원했을 때, 언제라도 내 곁을 지켜줬던 든든한 아빠가 있었기에 내가 잘 버틸 수 있었다.

 가족은 세상에서 하나뿐인 존재이다. 무슨 일이 있어도 내 편이 되어준다는 사실만으로도 든든하다. 지금까지 나의 모든 도전과 실패, 행복과 좌절을 다 지켜봐 준 덕분에 이만큼이나 성장할 수 있었다. 어떤 모습의 나라고 하더라도 언제나 나에게 무한한 사랑과 지지를 보내준 가족들에게 나도 말해본다. 아주 많이 사랑한다고.

"많이 사랑해서 그랬다고."
"많이 사랑하는 만큼 미안함도 그만큼 크다고."

"많이 사랑해서."

"많이 사랑하는 만큼 미안함도 그만큼 크다고."

청담이이야기

들을 수 없기에 가장 힘든 점

☾

의아스럽겠지만 청각 장애 때문에 힘든 점은 별로 없었다. 처음 내 상황을 인정하기까지 심리적으로 힘들고 아팠던 건 사실이다. 그 이후부터는 괜찮았다. 물론 불편한 점들은 있다. 듣고 싶은 목소리도 들을 수 없고, 전화 통화도 어렵고, 소리가 알려주는 모든 것들을 인지할 수도 없다. 특히나 코로나바이러스 때문에 모두 마스크를 쓰게 되면서 입 모양을 볼 수 없어서 불편했다. 굳이 힘든 점을 꼽자면 노래를 들을 수 없다는 점이다.

노래 듣는 걸 굉장히 좋아했다. 대중교통으로 이동할

때마다 내 귀에는 언제나 이어폰이 있었다. 일상이자 당연한 일이었던 노래 듣는 걸 잃고 나니 엄청 슬펐었다. 고요하게 변해버린 분위기에 적응하느라 시간이 걸렸었다. 지금도 걸어 다니거나 지하철을 탈 때 음악이 없어진 나의 시간은 쓸쓸하다.

영화나 드라마를 볼 때도 음악을 들을 수 없어서 아쉽다. 주인공들의 멋진 연기 뒤에 나오는 음악이나, 대사 없이 음악만 나오는 부분에서는 오직 자막만이 흘러나오는 음악의 느낌을 내게 설명해준다. 웅장한 음악, 수상한 분위기의 음악, 장난스러운 음악 이런 설명이 나온다. 글자로 보이는 소리를 최대한 상상하려고 노력한다. 그 장면에 나오는 음악은 어떤 것일까 궁금할 때가 많다. 혼자서 상상해보고, 아마 이런 느낌이 아닐까 어렴풋이 추측만 해본다.

힘든 점만 있는 것은 아니다. 반대로 귀가 들리지 않아서 꽤 괜찮은 점도 있다. 철없는 소리 같겠지만 잔소리가 많은 우리 아빠와 할머니의 잔소리를 듣지 않을 수 있어서 좋다. 아빠나 할머니가 잔소리를 시작할 것 같으면 일부러 얼굴을 보지 않고 다른 곳을 본다. 그러면 나는 소리가 눈에 보이지 않아서, 잔소리로부터 해방될 수 있게 된다. 청각 장애가 생기고 오히려 편해진 점이라면 이게 아닐까 싶다.

조금 불편한 점도 있고, 내가 적응해야 하는 것들도 있다. 이런 것들이 나에게 슬픔이 되지는 않는다. 남들보다 조금 더 불편할 뿐이라고 생각한다. 씁쓸할 때도 있고, 아쉬울 때도 있지만 괜찮다. 계속 슬퍼만 하기에는 살아갈 날들에서 더 기쁠 일이 많을 테니까.

들을 수 없기에 혼자서 상상해보고,
아마 이런 느낌이 아닐까 어렴풋이 추측하며 지냅니다.

이런 것들이 나에게 슬픔이 되지는 않습니다.
남들보다 조금 더 불편할 뿐이라고 생각할 뿐입니다.

계속 슬퍼만 하기에는
살아갈 날들에서 더 기쁠 일이 많을 테니까.

오래도록 기억에 남을 것 같은 사람이 있어요

 ☽

 첫사랑이다. 고등학생 때 처음으로 연애를 했었다. 둘 다 어렸고 모든 게 서툴러서 다툰 날도 많았지만, 그래도 고마운 게 더 많은 친구다. 돈이 없어도 같이 있으면 마냥 행복했던 시간이었다. 학생이라서 소담하지만 귀여운 추억들이 더 많았다. 그 친구는 태어나서 처음으로 아르바이트를 해서 번 돈으로 내 지갑을 사줬었다. 엄청 비싸고 좋은 게 아니었어도, 나에게는 참 소중한 선물이었다.

 같이 아르바이트도 했었다. 영화관에서 같이 일했을 때였다. 일하는 사람들이 모두 모여서 돌아가면서 자기소개하는 자리였다. 나는 '안녕하세요 정담이입니다.'라고 소개를 했다. 내 다음 차례였던 그 친구가 '안녕하세요 정담이 남자친구 OOO입니다.'라고 말한 것이다. 부끄러워서 고개를 숙이긴 했지만, 설레고 좋았다. 둘이서 아르바이트해서 번 돈으로는 분홍색 커플 운동화를 샀었다. 지금 되돌아봐도 웃음이 나고, 고마웠던 마음에 미소가 지어지는 기억들이다.

첫사랑이 애틋한 이유는 그때의 자신을 그리워하기도 해서라는 말을 어디에선가 봤었다. 아마 나도 그런 것일 수도 있다. 그때 참 행복했던 내 모습이 애틋하게 그리운 때가 있다. 다시 돌아갈 수 없는 그 시절을 함께했기에 오래 기억에 남을 것 같다.

추억은 추억으로만 묻어둬야 예쁘다는 걸 안다. 나의 첫사랑은 아마 잘 지낼 것이다. 그리고 나도 잘 지낼 것이다. 이제야 내가 그 친구에 대한 모든 감정을 다 정리한 것 같다. 어리고 예뻤던 나이에 만나서 서툴게 서로를 좋아했던 시절이었다. 나의 시절 인연은 이렇게 영영 마음속 어딘가에 묻고 살아갈 것이다. 언젠가는 흐려지고 색이 바래겠지만, 좋았던 기억으로 떠올리고 싶다. 이뤄지지 않은 나의 첫사랑에게 바랄 뿐이다. 우리 각자의 삶에서 행복하자고.

다시 돌아갈 수 없는 그 시절을 함께했기에
오래도록 기억에 남을 것 같은 사람이 누구에게나 있다.

언젠가는 흐려지고 색이 바래겠지만,
좋았던 기억으로만 떠올릴 수 있는 지혜가 늘 함께하기를.

유기견 봉사를 다니며
가장 기억에 남는 일화

((

 유기견 봉사는 고등학생 때 처음 갔었다. 봉사를 좋아한다던가, 봉사 정신이 뛰어나서는 아니었다. 힘들고 아픈 강아지들과 놀아주고 싶어서 유기견 봉사를 다녔다. 성인이 되고 난 후에도 유기견 센터에 봉사하러 갔었다. 나는 애견 미용 기술도 없고, 강아지들에게 특별히 해줄 수 있는 게 없었다. 강아지들이 지내는 곳을 깨끗이 청소해주고, 목욕시켜 주고, 놀아주는 게 내가 해줄 수 있는 일이었다. 여러 마리의 유기견들과 함께하다 보면, 시간이 흐른 것도 모를 만큼 금방 하루가 지나가 버린다. 강아지들을 마음껏 볼 수 있고, 그들을 위해 무언가 해줄 수 있다는 게 좋았다.

한 번은 경기도 외곽에 있는 유기견 보호소에 간 적이 있다. 거기에는 놀랄 정도로 많은 강아지들이 있었다. 그곳의 유기견들은 일반 반려견들과는 전혀 다른 눈빛을 갖고 있었다. 하나같이 다 사람을 두려워했다. 인기척이 들리면 흙을 파고 들어가는 강아지도 있었다. 대부분의 강아지들이 사람들의 시선이나 마주침을 최대한 피하려고만 했다. 사료를 주기 위해 가까이 가면 켄넬 안으로 들어가 숨어버리기 일쑤였다.

 억지로 끄집어내거나, 만지려고 하면 강아지들에게 더 큰 스트레스를 줄 것 같았다. 유기견들을 위해 할 수 있는 것은 기다림이었다. 청소하고 나서 강아지들이 마음을 열 때까지 기다렸다. 눈동자 가득 담고 있는 두려움이 옅어지기까지는 당연히 시간이 필요할 것 같았다. 낯선 사람인 나에게 마음을 열지 않아도 상관없다고 반쯤 포기하며 기다리고 있을 때였다. 용기를 낸 강아지들이 하나둘 가까이 다가왔다. 내가 주는 간식을 받아먹고, 쓰다듬어 주는 손길을 피하지 않고 눈을 맞췄다.

사람에 의해 태어났고 다시 사람에 의해 버려진 강아지들인데도, 여전히 사람을 좋아하고 있었다. 자주 가지 못했는데도, 가끔 갔을 때면 반가워해 주고, 핥아주는 강아지들에게 미안한 마음뿐이다.

세상의 모든 강아지들이 다 행복해졌으면 좋겠다. 주인에게서 버림당하지 않고 평생을 행복하게만 살다가 무지개다리를 건넜으면 한다. 한 번의 아픔이 있는 강아지들에게 두 번의 아픔은 없기를 소망한다.

평생을 행복하게만 살다가 무지개다리를 건넜으면.

한 번의 아픔이 있는 강아지들이
두 번의 아픔은 없었으면.

책을 쓰게 된 계기

))

 내 경험과 생각을 글로 적어서, 책으로 내보고 싶다고 꿈만 갖고 있었다. 귀가 안 들림으로 인해 더 많은 걸 느낄 수 있게 되었다. 느끼고 생각했던 것들을 글로 써보고 싶다고 바랐었다.

 우연히 유은 작가님과 인연이 닿았다. 〈효리네 민박〉을 좋아해서 재방송을 할 때마다 몇 번이고 봤다는 작가님과의 대화는 즐거웠다. 처음 만났지만 편안했다. 글을 쓰는 직업을 갖고 있어서 그런지 내가 그동안 머릿속으로 생각만 했던 것들을 자연스럽게 꺼내주는 질문들이 마냥 좋았다. 대낮에 만나서 해가 지는 줄도 모르고 한참을 이야기하던 우리는 당연하다는 듯이 다음 약속을 잡았다.

또 만났을 때도 할 이야기가 정말 많았다. 굳이 남에게는 깊이 있게 말하지 않았던 이야기들까지도 말했다. 나에게 청각 장애가 생겼다는 사실을 받아들이기 힘들었던 시절이 있었다. 그 긴 터널을 지나왔다. 어떤 삶을 살아가야 할지 아직도 정확한 답은 내리지 못했지만, 어떤 마음을 갖고 살아야 할지는 알았다. 원망보다는 감사한 마음으로 살아가는 게 나와 내 주변 모두를 위한 것이었다. 이런 내 생각들을 말했다. 유은 작가님도 자신이 살아온 시간들과 느꼈던 감정을 담담하게 이야기해줬다. 그리고 작가님은 나에게 말했다.

"담이야, 나는 담이가 말해주는 이야기를 듣고 있으면, 정담이라는 사람이 너무 기특하고 대단해. 네가 해주는 이야기에는 큰 울림이 있어. 듣고 있으면 나도 더 잘 살아 보고 싶다는 생각을 하게 해. 나한테 해준 이 이야기들을 같이 글로 써보자. 분명 모두에게도 힘이 될 이야기들이야."

써보고 싶었던 이야기들은 너무 많은데, 이 이야기가 누군가에게 응원이 될 수 있을까. 글을 써보는 게 처음이라서 걱정이 됐었다. 유은 작가님은 나에게 천천히 생각해보라고 그랬다. 평소에는 잘 읽지 않았던 책도 몇 권 사서 읽어보고, 글을 쓴다면 어떤 이야기를 써야 할까 고민도 해봤다. 그리고 마침내 작가님에게 연락했다. 글을 써보고 싶다고. 사람들에게 깊게 이야기해보고 싶다고.

솔직한 내 모습을 쓰기로 했다. 내가 힘들었으니 당신도 힘듦을 이겨내야만 한다는 뜻이 아니다. 이런 삶도 있고, 이런 어려움도 있고, 이런 행복도 있다는 걸 보여주고 싶었다. 지금도 이렇게 글을 쓴다. 각자의 삶에서 최선을 다해 살아가는 모두를 응원하고 싶은 마음으로.

"내가 힘들었고 이겨내고 있으니,
당신도 힘듦을 이겨내야만 한다는 뜻이 아니에요."

"이런 삶도 있고, 이런 어려움도 있고,
이런 행복도 있다는 걸 꼭 이야기하고 싶었어요."

JTBC 〈효리네 민박〉 프로그램
출연 계기

(

 귀가 안 들리고 나서 1년 정도 지났을 때였다. 뭔가 해보고 싶다는 마음이 생기기 시작할 즈음이었다. 내가 과연 무엇을 할 수 있을지 가능성에 대한 의심을 버리지 못했다. 그러다 보니 자존감이 바닥까지 내려간 상태였다. 새로운 곳으로 혼자서 떠나보면 나아질까 싶었다. 친구랑 같이 가는 여행이 아니라 나 혼자서 여행을 가보려고 마음먹었을 때, 운명처럼 〈효리네 민박〉 공고를 보게 되었다.

어쩌면 그 당시에 내가 낼 수 있는 가장 큰 용기를 가지고 시도한 도전이었다. 망설이지 않고 참가 신청서를 작성했다. 〈효리네 민박〉에 가서 제주를 여행하고 싶은 이유와 평소에 가지고 있는 생각들을 써서 JTBC 방송국에 보냈었다.

갈 수 있게 된다면 정말로 너무 행복한 일이겠지만, 정말 많은 분들이 신청하셨을 거라는 걸 알고 있었다. 어느 정도는 마음을 비우고 있었다. 뽑히지 않더라도 혼자서 여행을 가볼 생각이었다. 그런데 나에게 연락이 온 것이다! 제주도 〈효리네 민박〉으로 초대한다고. 그렇게 내 인생의 커다란 행운이자 변환점을 만나게 됐다.

무어라 표현할 수 없는 행운이었고 큰 행복이었다. 단순히 연예인을 볼 수 있다거나, TV에 나와서가 아니었다. 카메라가 있다는 걸 신경 쓰지 못할 정도의 다정한 2박 3일이었기 때문이었다. 연예인 이효리, 이상순, 아이유가 아니었다. 인간미 넘치는 진짜 효리 언니, 상순 사장님, 친구 지은이를 알 수 있는 시간이었다. 평생의 추억이자,

내 삶의 큰 용기가 된 고마운 〈효리네 민박〉이다.

심적으로 많이 혼란스럽고 심란했던 때를 겪고 난 후였다. 처음으로 혼자서 떠나본 여행에서 앞으로는 어떤 것이라도 내가 다시 해볼 수 있을 거라는 용기를 얻었다. 아마 그것은 혼자 떠난 여행이지만 혼자가 아닌 2박 3일을 만들어 줬던 〈효리네 민박〉 덕분이었다. 그날을 기점으로 깨달았다. 살아감 그 자체를 사랑해야만 삶을 더 풍요롭게 살 수 있다는 것을.

살아감 그 자체를 사랑하려고 노력한다.
"삶을 더 풍요롭게 살 수 있도록."

인간미 넘치는 진짜 효리 언니, 상순 사장님, 친구 지은이를
알 수 있었던 그 소중했던 시간은
내게 평생의 추억이자, 내 삶의 큰 용기가 되어 주었다.

정담이야기

'정담이'에게 '이효리'라는 사람은

((

 내 삶의 큰 터닝포인트를 만들어준 소중한 언니이다. 감사하다는 말로는 다 표현하지 못할 감사함을 늘 갖고 있다. 안 들려도 들리는 사람보다 더 많은 걸 느낄 수 있을 거라는 말을 처음으로 해준 사람이 효리 언니다. 한담 바닷가 앞에서 언니와 커피를 마시면서 나눴던 대화가 나에게는 어떤 응원보다 더 큰 힘이 되었다. 바닷가 앞에서 나와 나란히 앉은 언니는 파도 소리에 대해서 차근히 설명해줬었다. 파도는 날씨에 따라 다르고, 파도마다 그 소리가 다르다고 그랬다. 그대로 느껴보라는 언니의 말에 내 생각들이 변화했다. 나는 후천적 장애를 가진 경우라 파도 소리를 들었던 기억이 있었다. 바닷가를 보고 있으면서 전에 들었던 파도 소리의 기억만 떠올리려고 했었다. 그걸 관두고, 언니 말대로 파도를 파도 그 자체로 느끼려고 노력했다. 전에 들었던 파도 소리가 아닌 지금 내 앞에서 움직이는 물결의 소리가 느껴지는 것 같았다. 들렸던 기억에만 의존하지 않고, 들리지 않는다는 상황에 좌절하지 않고 지금의 현실을 조금 더 의연하게 받아들이는 걸 배웠다. 그날의 파도 소리는 나에게 오래 기억될 것이다.

사실 어디에 한 번도 말한 적 없지만, 〈효리네 민박〉을 촬영하고 나서 효리 언니와 상순 사장님을 뵀었다. 〈효리네 민박〉이 방영되고 2년 정도 지났을 때, 제주도로 여행 갔었다. 서울로 돌아가기 전에, 언니와 사장님이 보고 싶어서 연락을 드렸었다. 혹시 불편해하시면 어떡하나 걱정했는데, 너무 반가워하며 만나자고 해주셨다. 만나자마자 나에게 장난쳐주고, 얼굴 바꾸기 앱으로 서로의 얼굴이 바뀌는 재밌는 사진도 찍으면서 편안한 분위기를 만들어 주셨다. 보고 싶었고, 늘 고마워하고 있다는 이야기를 했었다. 효리 언니와 상순 사장님께 감사하는 마음을 전하고 싶어서 작은 선물과 손 편지도 드렸다. 언제나처럼 해사하게 웃으면서 좋아하던 효리 언니는 요가도 하고 가라고 했다. 할 때는 고통스럽지만 언니가 알려주는 대로 아픈 걸 참고 하다 보면 끝날 때면 몸이 신기하게 개운해진다. 요가가 끝나고 상순 사장님이 공항까지 데려다주셨다. 어제 본 사람처럼 편하고 따뜻하게 대해주셔서 서울에 오는 길 내내 참 행복했었다.

잠깐을 만나도 힘이 나는 사람이 있다. 그런 사람이 나에게는 효리 언니인 것 같다. 이효리라는 사람이 얼마나 대단한 슈퍼스타인지 잘 알고 있다. 특히 내 나이 또래의 사람들은 효리 언니가 대한민국에서 독보적인 여성 디바로 살아가던 모습을 다 목격했었다. 언니가 엄청난 사람이라는 걸 아는데도, 그 사실을 잠시 잊게 만들 정도로 효리 언니는 정말 따뜻하고 좋은 사람이다. 나를 나답게 살아갈 수 있도록 만들어준 언니의 한마디가 없었더라면, 아마 지금까지 힘들어했을지도 모르겠다.

무엇이든 해보라고 용기를 주고 응원해줬던 효리 언니에게 내가 씩씩하고 용감하게 살아가는 모습을 보여드리고 싶다. 그리고 꼭 전하고 싶다. 내색하지 않았지만, 너무 힘들었던 그때를 버티게 해준 건 언니의 진심 어린 말 덕분이었다고.

"순심아, 그곳에서도 꼭 행복해야 해."

'정담이'에게 '아이유'라는 사람은

((

 별 같은 존재다. 의미 그 자체로 스타라서 별이기도 하고, 멀리서 응원해주고 챙겨주는 게 꼭 하늘의 별을 닮았다. 지은이는 누구나 쉽게 지나쳤을 말 한마디도 마음으로 품어 안아주는 따뜻한 사람이다. 나와 동갑이지만, 나보다 훨씬 더 어른스럽고 배려심이 많은 그녀에게 고마웠던 점들이 참 많다.

 사실 지은이를 처음 봤을 때 정말 놀랐다. 얼굴이 너무 작았고, 작은 얼굴에 올망졸망한 눈코입이 예쁘게 들어있는 게 신기했었다. 더 놀랐었던 점은 너무 착한 사람이라는 점이었다. 내가 잘 알아들을 수 있도록 또렷하게 발음해주려는 게 그녀의 입 모양에서 느껴졌다. 내가 못 알아듣는 말이 있으면, 그걸 천천히 끝까지 설명해주려고 노력해 준 덕분에 편안하게 대화할 수 있었다.

〈효리네 민박〉을 촬영하면서 제주 캔들을 사서 가고 싶다고 지은이에게 가볍게 말했던 적이 있었다. 밖에서 같이 쇼핑하고 시간이 나면 캔들을 사러 갈 생각이었다. 효리 언니와 지은이랑 신나게 여기저기 구경 다니다 보니 시간이 모자라서 캔들 가게에 가지 못했다. 민박 체크아웃을 하고 사러 가면 되겠다 싶어서 그다지 신경 쓰지 않았다. 그리고 서울로 올라가기 전에 〈효리네 민박〉에서 같이 묵었던 분들과 같이 가게에 들러서 제주 캔들을 사서 왔다. 그런데 얼마 지나서 지은이에게 SNS 메시지가 왔었다. 제주 캔들 사진과 함께 다정한 말이 담겨 있었다. 제주도에 다시 왔는데, 담이 네가 생각난다는 이야기였다. 흘리듯이 가볍게 했던 말을 기억해 주었던 것이다. 지은이는 자신의 노랫말을 닮았다. 가사 하나하나가 어여쁘듯이, 섬세하고 무척이나 따뜻한 사람이다.

내가 블로그 마켓을 운영했을 때, 어떤 고객님이 40만 원 가까이 되는 옷을 구매했었다. 벨트와 티셔츠, 바지까지 색깔 별로 구매하신 것이다. 나는 너무 고마운 고객님이라고만 생각하고 포장할 때 사탕을 넣어서, 구매해주셔서 감사하다고 전했다. 얼마 지나서 지은이에게 SNS로 메시지가 왔다. 그때 내가 배송 보냈던 옷들을 찍은 인증샷과 함께 "잘 입을게 담이야."라는 내용이었다. 알고 봤더니 지은이가 매니저님 이름으로 일부러 구매해준 것이었다.

무언가 시작한다는 건 조심스럽고 조금은 두렵기도 하다. 설레기도 하고 초조하기도 했던 나의 시작에 지은이가 누구보다 큰마음으로 응원해준 것이다. 너무너무 고마웠던 일화라서 내 유튜브 채널에서 이야기했었다. 선크림만 바르고 나가서 찍었던 Q&A 영상이었다. 그게 이렇게나 화제가 될 줄 몰랐다. 화제가 된 덕분에 지은이와 연락해서 서로 안부도 묻고, 서로의 안녕을 이야기할 수 있었다.

최고의 가수이자, 대단한 배우인 아이유라는 사람을 알고 있다는 것만으로도 나에게는 큰 행운이다. 거기다 스타 아이유 말고, 사람 이지은으로의 따뜻한 마음을 전해 받을 수 있어서 더없이 고맙다. 지은이는 대가 없이 응원해주는 마음이 세상에 존재한다는 걸 알려준 친구다.

〈효리네 민박〉에 지은이가 '밤편지'라는 노래를 부르는 장면이 있다. 방송을 보면서, 나도 그 노래가 너무 듣고 싶었다. 들을 수 없어서, 가사를 읽고 또 읽어보았다. 지은이가 직접 작사했다는 글자들을 눈에 넣고, 마음에 넣고, 어떤 느낌일지 상상했다. 그 후로도 지은이의 새로운 앨범이 나올 때면 가사들을 몇 번이고 읽어봤다. 특히 그녀가 직접 작사한 곡은 더 여러 번 읽어본다. 'Love Poem'이라는 곡의 가사를 읽었을 때는 지은이를 많이 닮아있는 노래라고 생각했다.

아마 나는 앞으로도 지은이의 노래를 들을 수 없을 것이다. 대신에 그녀의 마음이 담긴 가사들을 자주 머금으며 힘을 얻으며 살아갈 것 같다. 어딘가에서 나를 응원해주고 있는 사람이 있다는 사실만으로도, 꽤 마음이 풍요로워지는 법이니까.

"이런 삶도 있고, 이런 어려움도 있고,
이런 행복도 있다는 걸 꼭 이야기하고 싶었어요."

"난 내가 꼭 행복하지 않아도 된다고,
내가 꼭 행복하지 않아도 괜찮다고 보여주고 싶었어요."

김유은 이야기
제 1부

조바심에 오늘을 흩트리지 말고,
차분히 자신을 믿기를.

자꾸만 조바심이 들 때

☽

 나는 멈춰있었고, 세상은 유난히도 빠르게 흘러가는 것 같았다. 쉼 없이 흘러가는 강줄기에 합류해야 하는데, 작은 웅덩이에 고여만 있는 것 같았다. 내가 괜히 싫었다. 빨리해내야 한다는 생각을 은연중에 자주 했었던 것 같다. 매체에서는 '최연소'라는 수식어를 붙인 사람들이 종종 나왔다. 최연소라는 단어가 붙으려면 누구보다도 빨리 이뤘다는 뜻이었다. 정반대로 누구보다도 느리게 가고 있는 내가 미울 정도로 답답했었다.

 꿈을 찾은 것도, 꿈을 향해 도전해본 것도 다 늦은 편이었다. 남들보다 뒤처진 만큼 열심히 살고 빨리 달려가면, 나도 앞서 나갈 거라고 믿었다. 마음이 급했었다. 급한 만큼 시야의 폭은 좁아졌다. 넓게 보고, 멀리 보면서 걸어야 하는데 정반대였다. 바로 내 앞만 보고서 종종걸음으로 걸어가던 탓에 쉽게 풀리는 일은 없었다. 조금만 침착했더라면 넘어지지 않았을 일에서 기어이 넘어졌고, 서둘러 가지 않았더라면 주의 깊게 봤을 것들도 모두 놓치고 말았다. 조바심은 빠른 속도를 낼 수 있게 만들어주지 않았다. 오히려 이리저리 부딪히고 덜컹거리게 만들었다.

조바심 때문에 더는 실수하고 싶지 않았던 나는 나만의 속도를 인정하기로 했다. 잘하는 것과 빨리하는 것이 확연히 다름을 알았다. 빨리 잘할 수 있는 사람도 있겠지만, 천천히 잘할 수 있는 사람도 있다. 얼마만큼 자신의 능력을 잘 발휘해내는지가 중요한 것이다. 그걸 남들에게 서둘러서 증명해 보일 필요는 없다. 넘어지지 않을 정도의 속도로, 자신이 훗날 아쉬워하지 않을 만큼 노력한다면 충분하다.

조바심은 아주 자연스러운 감정의 흐름이다. 목표가 생기면 잘하고 싶은 마음이 태어난다. 잘하고 싶어지면 저절로 따라오는 게 조바심이라는 감정이다. 초조한 마음 대신에 의연함을 만들어 낼 방법은 차근히 할 일들에만 집중하는 것이다. 계단을 오를 때 한 번에 여러 칸씩 오르다가 넘어지는 것보다, 한 번에 한 칸씩 올라가야 더 효율적으로 꼭대기에 도착할 수 있다. 누구나 자신의 목표에 대해서 욕심이 생기기 마련이다. 욕심은 내가 소화할 수 없는 걸 해내라고 재촉하곤 한다. 자신감과 자만심이 다르듯 목표와 욕심은 다른 의미이다. 아무리 많은 계단이라 하더라도 차근히 올라가면 된다는 걸 늘 생각해야 한다.

삶은 지름길로만 갈 수 없다. 정해진 도로를 따라가기도 하고, 비포장도로를 통해 도착하기도 하고, 이리저리 돌아가기도 한다. 급하게 마음먹고 자신을 채근하지 않았으면 좋겠다. 남들이 미리 만들어 놓은 편안한 아스팔트 도로만 골라서 다닐 수 없는 게 인생이다. 각자의 속도와 기준이 다르다. 누군가 봤을 때는 왜 이제야 여길 왔냐고 물을 수 있고, 또 다른 이가 봤을 때는 벌써 여기까지 왔냐고 할 수도 있다. 그런 남의 말에 불안해하거나 자만할 필요는 없다.

조바심의 어원은 조를 타작하는 일에서 시작되었다고 한다. '조'와 '바심'이 합쳐진 말이다. 바심은 곡식의 이삭을 털어서 낟알을 거두는 타작을 뜻한다. 조는 추수할 때 알갱이가 작아서 사방으로 튈 수밖에 없다. 거기다 꼬투리는 질겨서 잘 털어지지도 않는다. 조를 타작할 때 사람들이 몹시 마음 졸이면서 했다는 뜻에서 이 단어가 만들어진 것이다. 인생은 조를 터는 일과 비교할 수 없다. 전전긍긍하면서 불안해하고 애태우다가는 가능성이 희석되기 일쑤이다. 이리저리 튀어버리는 것에 불안해 할 것 없고, 뜻대로 되지 않을까 봐 미리 조마조마할 것 없다.

내가 좋아하는 말 중에 하나는 707 특수임무단의 표어이다. "결과로서 과정을 입증한다"라는 문장이다. 그곳에서 사용되는 정확한 의미는 모르지만, 나는 이 문장을 이렇게 해석한다. 결과를 향해 나아가는 과정에서 헤맸거나 더딘 속도로 왔다고 하더라도, 마침내 목표에 닿았다는 결과 자체가 중요하다고. 목표를 이룩하기 위해 겪은 수

많은 과정이 영화처럼 완벽하지 않아도 괜찮다. 기필코 해냈다는 결과가 치열한 노력의 시간을 자연스레 설명할 것이다.

조바심이 들 때마다 잠시 뒤를 돌아 자신이 걸어온 길을 봤으면 좋겠다. 이만하면 잘하고 있다는 사실을 확인하고 인정해줘야 한다. 간혹 자신이 한심하게 느껴질 때면 지금까지 있었던 크고 작은 성공의 경험들을 떠올리는 게 필요하다. 이상과 현실에 간극이 존재한다는 건, 앞으로 당신의 무한한 가능성이 이뤄낼 것이라는 뜻이다. 이상과 다른 현실에 좌절할 것 없고 조급할 것도 없다. 불완전하고 불확실한 모든 것들을 이겨내고 대범하게 이뤄낼 당신의 어느 날을 응원한다.

조바심에 오늘을 흩트리지 말고, 차분히 자신을 믿길 바란다. 우연한 성공이 흔하지 않듯이, 필연적인 실패도 흔한 일이 아니다. 하루하루를 누구보다 잘살아내고 있는 당신은 필연적인 성공의 깃발을 뽑아 들 사람이다.

"조바심에 오늘을 흩트리지 말고, 차분히 자신을 믿기를."

자존감이 낮아졌을 때

((

 평소에는 신경 쓰지도 않았던 주름 하나에 마음이 부서질 것 같았다. 왜 그리도 내가 초라하게 느껴지는지 알 수 없었다. 수많은 자존감에 대한 조언들은 정작 힘든 순간에는 도움이 되지 못했다. 자신을 아껴주고 사랑하라는 말은 너무 막연한 이론일 뿐이었다. 나를 사랑하는 법을 몰라서 힘든 사람에게 나를 사랑하라는 문장은 무책임하게 느껴질 정도였다.

 자존감이 떨어졌을 때 정말로 나를 힘들게 했던 것은 미숙한 내 마음이었다.

'왜 나는 나조차도 사랑할 줄 모르는 사람인 걸까.'

이 생각이 마음속 깊게 파고들었다. 나 자신에게마저도 사랑받지 못하는 사람이라는 생각이 자존감을 형체 없이 부서지도록 만들었다. 누군가를 미워하거나 미움받는 것보다, 내가 나를 미워하는 건 서러운 일이었다. 그럴수록 나에 대한 미움도 점점 커졌다. 별것 아닌 단점도 별 게 되고, 괜찮은 장점도 별 게 아닌 것처럼 치부하게 됐었다. 나에게 실컷 모질게 굴고 나서야 멍투성이가 된 마음을 볼 수 있었다.

뭐라고 딱 꼬집어서 말할 수 없는 이유로 자신이 싫어졌을 때 필요한 것은 마음의 여유였다. 억지로 괜찮은 척하지 않았다. 일단은 자존감이 낮아진 내 모습을 그대로 인정했다.

'내가 마음에 안 들 때도 있고, 좀 미울 때도 있지.'

예전에 했던 실수라던가, 나의 부족했던 점들을 찾아서 내가 싫은 이유들을 일일이 나열하지 않는다.

유난히 자신이 싫어졌다는 것은 사실 그만큼 자신을 사랑했다는 뜻이다. 마음은 균형을 잡아야 해서 좋아했던 만큼 싫어지는 시기가 찾아오기도 한다. 특별히 뭘 잘못했다던가 부족해서가 아니다. 가끔 이유 없이 '나'라는 존재가 하염없이 하찮게 느껴지면, 지금은 마음이 좀 심란하나보다 하고 넘어가 줘도 괜찮다.

사람은 언제나 평정심을 유지하면서 살아가지 못한다. 누구나 마음의 소용돌이가 일어난다. 세상에서 가장 어려운 게 사람 마음이다. 수시로 변하는 탓에 감정선을 따라가는 건 힘겨운 일이다. 어떤 날은 내가 좋고, 다음 날은 밉고, 또 다른 날에는 스스로를 불쌍하게 여기기도 한다. 단단히 쌓아났다고 생각했던 자존감이 힘없이 무너지는 걸 지켜볼 수밖에 없다. 나약해서가 아니라 사람이기 때문에 당연한 일이다. 힘들면 쉬었다 가고, 무서우면 숨기도 하고, 버틸 수 없을 때는 도망가기도 하는 게 삶이다. 언제나 당당하고 지혜로우며 모든 일에 의연한 태도로 살아갈 수는 없다. 그걸 인정해야만 다음 단계로 넘어갈 수 있다.

자존감이 없다면 차근차근 쌓아 올리면 되는 것이고, 자존감이 무너졌다면 다시 보수하면 되는 일이다. 우울하고 복잡하게 고민할 것 없이 간단하고 가볍게 생각하면 좋겠다. 공들여 만들었던 자존감에 구멍이 생길 정도로 아팠던 말을 들었다면, 그 말을 무시할 용기가 생길 때까지 시간을 줘야 한다. 자신의 모습이 싫어지게 된 이유가 본인의 잘못 때문이라면, 그 잘못을 용서할 담대함이 생길 때까지 기다림이 필요하다. 결국 괜찮아진다는 걸 잊지 않고서 시간의 여유를 주는 것이다.

 건강한 자존감의 바탕은 자신의 모습 그대로를 인지하는 일이다. 나는 어떤 사람인가? 근원적인 질문에 답변하기 전에, 나에 관한 모든 것을 알아봐야 한다. 좋아하는 것과 싫어하는 것부터 소소한 취향들까지 자신에 관한 것이라면 무엇이든 살펴봐도 좋다. '나'에 대해서는 자신이 가장 잘 알고 있어야, 나다운 모습으로 당당하게 살아갈 수 있다.

나는 '나'이다. 단순한 문장이지만, 이것만큼 중요한 것은 없다. 나는 나로서 존재하고 있음을 언제나 인지하고 살아가야 한다. 무엇보다 아껴주고 존중할 대상은 자기 자신이다. 나로서 단단히 서 있어야 나머지 것들도 존재의 가치가 있는 것이다. 자존감을 지켜주는 것 또한 '나'이고, 자존감을 만들어주는 것 또한 '나'이다. 나의 우주에서 모든 것의 중심은 내가 되어야 한다.

나는 내가 싫기도 했고, 좋기도 했다. 밉기도 했고, 애잔하기도 했다. 그리고 지금의 나는 내가 너무 좋다. 대단한 사람도 아니고, 특별한 재능이 있는 것도 아니지만 내가 좋다. 나는 예민한 게 아니라 섬세하고, 까다로운 것이 아니라 정확하고, 무관심한 게 아니라 담대한 사람이다. 수없이 자존감이 무너졌고 그걸 다시 쌓아 올리는 과정에서 나다운 게 무엇인지 알게 되었다. 작은 실수에는 충분히 위로해주고 작은 성공에는 크게 칭찬해준다. 내가 나를 지켜내는 방법이다. 누구나 완벽한 사람은 될 수 없다. 무엇이든 다 잘할 수 없기에 부족한 점도 생기는 것이다. 남들의 과분한 참견이나 과한 비난에 마음 쓰지 않아도 된다. 나를 잘 모르는 타인의 소음일 뿐이다.

무엇을 위해 사느냐고 묻는다면 '나' 자신을 위해 산다고 당당하게 말했으면 좋겠다. 나의 가족, 나의 일, 나의 친구 모든 것들이 다 소중하지만, 가장 소중한 것은 '나'라는 존재다. 내가 없으면 그 존재들 또한 의미를 갖지 못한다는 걸 알아야 한다.

앞으로 살면서 셀 수 없이 자존감이 무너질 테고, 다시 회복하면서 살아갈지 모른다. 자존감이라는 성이 무너지면 다시 올리고, 또 무너지면 또다시 짓는 걸 반복한다. 그러다 보면 점점 튼튼하게 쌓아 올리는 법을 습득할 것이다. 그렇게 단단하고 굳건해진 자존감이 완성된다. 당신은 강하고, 현명하다. 그런 자신을 믿고 새로운 발자국을 내디뎠으면 좋겠다. 용감하고 대담하게.

누구나 완벽한 사람은 될 수 없고,
무엇이든 다 잘할 수 없기에.

작은 실수에는 충분히 위로해주고,
작은 성공에는 크게 칭찬해준다.

살아감과 함께 변화하는 것들에 대하여

☾

 과하게 기대하지 않고, 크게 실망하지 않는다. 일, 사람, 모든 것에 대해서 훨씬 유연한 사고를 갖게 되었다. 뜻대로 풀리지 않아서 어려운 게 살아감의 자연스러운 모습이란 걸 알았다. 설령 넘어지더라도 그게 완전한 실패가 아님을 안다. 모든 것을 다 해낼 것만 같았고, 이루고 싶은 게 너무나도 많았던 시절을 지나왔다. 어쩌면 나는 무엇이든 가질 수 있을 것이라는 자만한 착각도 해봤고, 쓰라린 좌절도 해봤다. 시간들이 쌓여 알게 된 것은 돌고 돌아오더라도 멈추지만 않으면 목적지에 도달한다는 사실이었다. 치열하게 노력한 일이 목표만큼 이뤄지지 않았어도 실망감으로 멈춰있지 않는다. 조금 불운했던 것이라 생각하며 다음을 준비한다. 놓치고 싶지 않아서 아무리 아등바등해도 절대 내 것이 될 수 없는 것들도 있다. 일도 사람도 모든 것은 어느 정도 운명이 있을지 모르겠다며 위로하며 넘어가도 괜찮다.

믿었던 사람이 믿음을 저버려도 배신감으로 무너지듯 슬퍼하지 않는다. 미워하는 데 내 에너지를 쓰지 않고, 쓰레기를 버리듯 툭 머릿속에서 떨쳐내려 노력한다. 세상에 좋은 사람만 가득할 수는 없다. 해롭고 그릇된 사람을 만난 건 불행이 아니라 비운일 뿐이라며 넘긴다. 사람 때문에 오래 슬퍼하는 것보다 과감히 정리하고 잔여 감정을 정리해야 심리적인 안정감이 찾아온다.

특별히 좋은 사람도 특별히 착한 사람도 없었다. 타고난 천성, 자라난 환경, 축적된 경험들이 만들어낸 사회화는 다양한 사람의 모습을 만든다. 깊이 친해져 보면 각자 적당한 장점과 보통의 단점을 갖고 있었다. 드물게 소수의 사람으로부터 아주 치명적인 단점을 발견하기도 한다.

사람에게 실망을 해봤던 경험들 덕분에 타인을 대할 때 기대치가 낮아졌다. 생각의 결이 비슷해서 함께하기에 불편하지만 않으면 충분하다. 무례하지 않고, 선을 넘어오지 않으면 그걸로 됐다. 그러다 보니 이해심이 저절로 넓어졌다. 사람과의 관계에서 예민하고 딱딱했던 내가 굉장히 부드러워졌다. 무심한 마음에서 나오는 친절만큼 편안한 것은 없었다.

일에 대해서도 달라졌다. 이제는 자신감과 과한 기대감의 차이점을 알았다. 자신감은 가지되 허황된 기대감은 접어둔다. 책을 낼 때면 내 글에 대한 자신감만 채우고, 책이 엄청난 인기를 얻을 것이라는 기대감은 비운다. 후회 없을 만큼 최선을 다해서 글을 썼고, 글자들을 세상에 내보낼 준비를 했다는 사실에 대한 보람된 마음만 남겨둔다. 책은 독자들에게 선택받아야 하는 존재이다. 누군가에게 선택받는 입장에서는 어느 정도의 타이밍과 운이 필요한 법이다. 노력으로 할 수 없는 범위의 일들까지 기대하고 소란스럽게 하지 않는다. 차분함을 가지고 마음에 여백을 만들어둔다.

외할머니는 아흔이 훌쩍 넘으셨다. 긴 시간을 살아오시면서, 수없이 많은 인생의 고비들을 넘기신 분이다. 몇 년 전 내 결혼식에 오셔서 이런 말씀을 하셨다.

"삶이 네 마음처럼 되지 않을 때가 많을 거란다. 시간은 빨라. 엊그저께 네 외할아버지랑 결혼한 것 같은데, 벌써 내가 할머니가 되어버렸잖니. 그러니 빠르게 흘러가는 시간 속에서, 모든 일에 의연해지렴. 사람도 일도 다 네 뜻대로 되는 일은 없다는 걸 잊지 마. 포기할 것은 포기할 줄도 알고, 져줄 것은 져주기도 하고, 무심해져도 될 것에는 무심하게 살아도 된단다. 인생은 저절로 흘러갈 때도 있는 법이야."

내 두 손을 꽉 쥐여주시면서 해주셨던 말씀의 진짜 뜻을 이제야 깨달았다. 어느 정도 무심하게 살아가야만 버텨지는 순간도 있다. 할 수 있는 최선의 노력을 했다면 그 이후의 것은 저절로 흘러가는 법이었다. 예전의 나였다면 모든 촉각을 곤두세우고 살았을 만큼 바쁜 시간이지만 무던하게 지낸다. 무례하다고 두고두고 곱씹었을 말들도 잘 버리면서 산다. 내 마음처럼 되지 않는 일에 연연하거나 슬퍼하지 않으려 노력한다.

유한한 시간 속에서 유익한 시간을 보내는 것에 집중한다. 무심해진다는 것은 불필요한 소음으로부터 독립된 개체로서 홀로서기 하는 게 아닐까 싶다. 너무 사소한 것에 일희일비하며 마음을 뺏기지 않는다. 그러자 내 세상이 꽤 간결해지고 깔끔해졌다.

아직 열린 결말로 남아있는 삶을 의연하게 지켜봐 줬으면 좋겠다. 어떤 사람을 만나게 될지, 무슨 일을 하게 될지 필요 이상의 기대로 지금을 방해할 필요는 없다. 생각만큼 일이 풀리지 않는다고 해서 마음을 망가지게 내버려 둬서는 안 된다. 지금은 자신의 가능성에 시간을 들여서 노력을 투자해줄 때이다. 기대하고 실망하는 걸로 끝내지 않을 당신이다. 영리하게 꿈꾸고 현명하게 이뤄낼 테니.

빠르게 흘러가는 시간 속에서, 모든 일에 의연해지렴.
포기할 것은 포기할 줄도 알고, 져줄 것은 져주기도 하고,
무심해져도 될 것에는 무심하게 살아도 된단다.

"인생은 저절로 흘러갈 때도 있는 법이야."

고민이 너무 많을 때

《

너무 많은 고민이 머릿속을 떠다닐 때는 고민만을 위한 시간을 따로 내어준다. 커피 한 잔을 내려서 그걸 다 마시는 동안은, 오직 고민에 대해서만 생각한다. 고민이 꼬리에 꼬리를 물어서 또 다른 고민을 만들어 내지 않도록 하나씩 소거해나간다. 당장 결정해야 할 문제인지. 앞으로 발생할 수 있는 위험부담을 결정하기 전에 인지했는지. 지금 이걸 고민한다고 해서 달라질 게 있는지. 하나씩 정리하다 보면 머릿속에서 부유하던 고민은 금방 침전된다.

비바람이 일어 흙탕물이 된 호수는 원래대로 돌아오기까지 시간이 필요하다. 파동이 일어난 물결이 잠잠해지고,

이리저리 섞여버린 흙과 부유물들이 가라앉도록 시간을 줘야 한다. '왜 비를 피하지 못했지', '바람을 맞지 않았어야 했는데' 이와 같은 자책으로 쌓인 생각은 괜한 파장만 만들어낸다. 피하지 못할 거센 비는 있는 법이고, 막아낼 수 없는 바람도 있다는 걸 인정해야 할 순간도 있다.

나는 걱정도 많고, 고민도 많은 사람이었다. 당장 내일 해야 할 일부터 먼 훗날의 일까지 고민거리를 가져와서 하는 스타일이었다. 우습게도 그때는 내가 미래를 잘 대비하는 성격이라고 생각했다. 고민하는 게 대비하는 거라고 착각한 것이다. 아무리 고민한다고 해도, 나쁜 일을 겪지 않도록 해준다거나 계획대로 흘러가도록 마법이 일어나지는 않았다. 막상 시간이 지나고 나면 '차라리 뭐라도 해볼걸', '고민하느니 그 시간에 더 노력할걸' 같은 후회만 할 뿐이었다.

선택에 관련된 고민 앞에서는 나 자신과 약속부터 한다. 내 선택으로 인한 모든 결과와 그것이 초래한 것들까지도 모두 의연하게 받아들이겠다는 내용이다. 하기로 결정한 일이라면 고민하는 것에 시간을 쓰지 않는다. 이미 시작한 일에 대해서는 잘 될 거라는 잠정 결론을 먼저 내리는 편이다. 고민할 시간에 일을 잘 마무리 하는 것에 집중한다. 나중에 그때 더 열심히 할 걸 그랬다는 아쉬움이 남지 않을 만큼 최선을 다한다. 고민한다고 해서 해결될 일은 없다. 잘 될 일이었으면 고민하지 않아도 좋은 소식이 오고, 안될 일은 아무리 고민해도 손 쓸 수 없다는 걸 인정했다. 고민은 불행을 막아주는 방어막이 아니다. 단지 지금 내가 능률적으로 보낼 수 있는 시간을 방해할 뿐이다.

이십 대 초반에 단순 불면증보다 심한 수면장애가 있었다. 부모님의 권유로 병원에서 할 수 있는 내과적 검사를 했지만, 원인을 찾을 수 없었다. 나는 내 불면의 원인이 무엇인지 알고 있었다. 끝도 없는 고민 때문이었다. 아무것도 이뤄진 게 없다는 것은 무엇이든 이뤄낼 수 있다는 뜻인데, 그걸 알지 못했다. 어떤 길을 가야 할지 선택하지 못했다는 것은 가볼 수 있는 길이 무한하다는 의미인데, 마냥 두려웠었다. 못하면 어떡하지. 안 되면 어떡하지. 남들이 나를 이상하게 보면 어떡하지. 그다지 영양가 없는 걱정들이 나를 잠식하도록 내버려 뒀던 대가였다.

이러면 어떡하지, 저러면 어떡하지 갈팡질팡하는 건 영원히 그 고민에 대해서 답을 내지 않겠다는 뜻이다. 답이 없는 고민은 나의 행복을 잡아먹으면서 몸집을 키워나간다. 계속해서 자신의 몸집을 키우는 동안 우리는 일생에서 작은 행복조차 느끼지 못한 채 살아가게 된다. 끝없는 고민 때문에 일상이 무채색으로 변하게 되는 것은 순식간이다.

잘못될 가능성에만 치우치다 보면 나아가는 발걸음만 더뎌진다. 잘 될 수 있었던 것도 불안과 걱정 때문에 일을 그르치게 될지도 모른다. 잘못될 걸 미리 고민하는 시간이 길어질수록 현실의 시간을 앗아갈 뿐이다. 살아가면서 필요한 건 고민과 걱정이 아니다. 기대와 다른 결과를 얻었을 때 좌절하지 않을 담대함이 필요하다.

어떤 일이라 해도 안전한 성공을 보장하지 않는다. 수많은 변수를 전부 다 따져가면서 대비할 수는 없다. 예상치 못한 소나기를 맞을 수 있고, 미처 보지 못한 돌부리에 발이 걸릴 수도 있다. 어떠한 위험도 없는 평온한 길을 선택하려고 고민하는 대신 조금 울퉁불퉁한 길이라도 조심히 걸어낼 용기와 신중함이면 충분하다. 섣부른 걱정과 두려움이 만든 고민들 때문에 해낼 수 있는 가능성을 앗아가지는 않았으면 좋겠다.

지금도 내 마음 상태에 조금이라도 신경을 덜 쓰면 하루에도 수십 가지의 고민이 떠오른다. 생계에 관련된 것, 나의 꿈에 관한 것, 발 딛고 살아가는 현실에 관한 것, 당장 일어나지는 않더라도 혹시 일어날지 모르는 일들, 먼 훗날의 모습까지 고민할 거리는 넘쳐난다. 그런 불안한 생각이 지금이라는 시간을 방해하지 못하게끔 해주는 것은 나 자신에 대한 믿음이다. 과거에 실패의 경험이 있다고 해서 미래의 내가 실패만 하지 않을 거라는 걸 안다. 지금의 내가 생각보다 부족하다고 하더라도, 내일의 나는 더 나아졌을 거라는 자신감이 있다.

'전에 그랬더라면' 혹은 '만약 그렇게 된다면' 같은 가정에 사로잡히다 보면 현실에 집중할 수 없게 된다. 만약은 만약일 뿐이다. 시선이 과거에 머물러 있으면 미련이 생기고, 미래만 바라보고 있으면 불안함만 남는다. 과거는 바꿀 수 없고, 미래는 알 수 없다. 분명한 건 부지런히 살아냈다는 사실이다. 지금까지 그래왔듯 앞으로도 제법 훌륭하게 걸어갈 것이다. 능숙하고 멋진 달리기로 뛰어가지 않아도 괜찮다. 느린 걸음도 좋고, 잰걸음도 좋다.

'잘 될 거야. 안 되면 그때 돼서 생각하지 뭐.' 괜한 걱정으로 불편한 마음이 커질 때면 떠올리는 말이다. 지금 할 수 있는 일에 최선을 다하기만 해도 버거운 삶이다. 쉼 없이 흘러가는 세상 속에서 나 혼자만 고민에 발목 잡혀 있을 수는 없다. 나아가지 못하도록 방해하는 넝쿨은 과감히 잘라내야 한다. 그래야만 다음 걸음을 옮길 수 있다. 지금까지 당신이 해온 노력과 인내의 시간을 믿어줬으면 좋겠다. 고민에 대해서 대처하는 만큼 성장할 것이다. 두려움에도 불구하고 나아가는 당신이다. 언젠가 당신이 자랑스러워질 것이다. 이 모든 고민을 헤쳐냈으니.

아무것도 이뤄진 게 없다는 것은
무엇이든 이뤄낼 수 있다는 뜻이고.

어떤 길을 가야 할지 선택하지 못했다는 것은
가볼 수 있는 길이 무한하다는 의미이다.

당신은 고민으로 멈춰있기에는
너무 큰 가능성을 가진 사람이다.

친구가 많지 않은 것 같아 우울하다면

《

 주변을 보면 남들은 친구들과 잘 지내는 것 같은데, 나만 친구가 없는 것 같이 느껴진다. 마음을 터놓을 수 있는 사람이 없는 것 같고, 정작 내가 필요할 때 부를 사람이 없는 것 같은 헛헛한 감정은 문득 찾아온다. 괜스레 모든 것이 외롭게 느껴지기도 한다. 누구나 한 번씩 그런 감정을 느낀다. 평범한 날보다 외롭고 쓸쓸한 저녁은 유난히 길게 느껴지는 법이다.

 매체들이 만들어 낸 우정에 대한 긍정적이기만 한 이미지가 있다. 친구를 위해서 자신의 이익을 과감히 포기하고, 우정을 위한 거라면 희생을 마다하지 않는 내용들이 많다. 유감스럽게도 현실에서는 그런 우정은 용이나 유니콘 같은 존재로 느껴질 때가 많다. 사람은 선하고 좋은 존재이지만, 그만큼의 악하고 이기적인 존재이기도 하다. 양면성을 가졌기 때문에 사람들이 모인 관계 안에서 만들어지는 일들이 언제나 행복과 사랑으로만 가득 찰 수는 없다.

지금의 나도 친구가 많은 편은 아니다. 유익한 우정만 남겨두고 친구라는 이름만 빌린 유해한 사람들은 모두 정리했다. 교복을 입었던 때와 다르게 친구들과 자주 볼 수도 없다. 각자 직장을 다니면서, 지방으로 발령이 난 친구도 있고 외국에 있는 회사로 이직한 친구도 있다. 그 탓에 1년에 한 번 정도 얼굴을 보는 게 전부다. 친구와 보내는 시간은 삶에서 아주 잠깐이다. 각자의 삶이 바쁘고 살아남는 게 치열하기 때문에 자주 연락하지도 못한다. 굳이 연락하지 않아도 어련히 잘 살고 있을 거라고 응원할 뿐이다. 친구들과 살갑게 지내는 편이 아닌데도, 외롭다거나 심심하거나 우울하다는 감정을 느끼지는 않는다. 모두와 친하게 지내려 하고, 모두를 챙기려고 했을 때의 경험들 덕분이다. 그때의 나는 주변에 사람은 많았지만 정작 행복하지 않았다. 가치 없는 인연이었고 아까운 시간이었음을 이제야 알았다.

강연이나 북토크 행사장에 가면 MBTI에 관한 질문을 많이 받는다. 여러 MBTI 유형 중에서 I로 시작하면 내향형이라고 한다. 그래서 다들 내가 작가라는 직업을 갖고 있어서 그런지, MBTI가 I로 시작하지 않느냐고 물어본다. 사실 나는 E로 시작한다. 타고나기를 외향형으로 태어난 사람이다. 초, 중, 고 시절 모두 학생회장을 했을 정도로 친구 사귀는 게 쉬웠고, 사람들과 어울리는 걸 좋아했다. 사람들 앞에서 말하는 게 긴장됐던 적이 없었고, 오히려 즐거웠다. 성인이 되고 나서도 내가 먼저 나서서 모임의 장을 맡아서 그 모임을 주도했다. 내가 속해있던 모임도 정말 많았다. 자연스레 내 주변에는 사람이 언제나 넘쳐났다. 그런 내가 너무 늦지 않게 불필요한 사람들을 다 정리할 수 있었던 것은 친구의 역할에 대해 빨리 깨달은 덕분이었다.

동창이나 지인들은 말 그대로 알고 지내는 사람일 뿐이지 친구라는 명칭 자체를 붙이지도 않는다. 오래된 친구라고 하더라도 적당한 거리는 꼭 띄어놓고 지낸다. 나에 대한 모든 것을 굳이 말하지 않는다. 힘든 일이 있다고 해서 친구에게 하소연하지 않고, 기쁜 일이 있다고 해서 무작정 자랑부터 하지 않는다. 나에게는 슬픔과 힘듦이 상대에게는 배부른 소리일 수 있고, 내 기쁨과 행복이 상대에게는 질투와 시기가 될 수 있다는 걸 안다. 상대방의 인품이 나빠서가 아니다. 사람이기 때문이고, 처한 상황이 각자 다르기 때문이다. 그 덕분에 친구들과 오랜 시간 한 번도 다퉈보지 않고 우정을 단단하게 유지할 수 있었다.

힘든 일이 있으면 혼자서 생각을 정리하고, 정신적으로 안정됐을 때나 상황이 호전됐을 때 친구에게 이야기한다. 그동안 나에게 이런 일이 있었고, 이런 생각을 했고, 꽤 힘들었는데, 지금은 마음도 괜찮아지고 생각이 정리됐다는 내용 정도만 말한다. 친구라 하더라도 결국은 남이다. 굳이 타인에게 내 인생에 대한 조언을 들으려고 하거나,

해결책을 알려달라고 할 필요는 없다. 조언과 참견은 한 끗 차이이고, 섣부른 해결책은 오히려 문제의 씨앗이다.

 친구라는 존재가 해줄 수 있는 일은 생각보다 얼마 없다. 불행을 고백하면 약점이 될지 모르고, 솔직한 마음을 내비치면 어딘가에서 이상한 소문이 나 있을지 모른다. 인생에서 그다지 중요하지 않은 고민거리를 나누거나, 혼자서 가기 뻘쭘한 식당에 같이 가거나, 너무 무겁지 않은 주제들에 대해서 이야기하는 존재이다. 그렇기에 사람들은 나이가 들수록 자신의 가족이 가장 소중함을 깨닫는 걸지도 모른다. 가족처럼 내 불행을 나보다 더 슬퍼하고, 내 생각을 존중하고, 행여라도 나쁜 말로 옮겨질까 봐 함구한 채로 응원해주는 존재가 친구가 될 확률은 극히 드물다.

 안 좋은 상황을 겪고 있을 때는 신나서 캐묻다가 막상 일이 잘 풀리는 것 같으면 언짢아하는 사람들이 더 많았다. 그들도 예전에는 다 내 친구라는 명칭을 달고 있었다. 어쩌면 그게 친구라는 이름을 하고 있는 가벼운 우정의 본모습이 아닐까 생각한다. 친구의 얼굴을 하고 지내지만, 나보다는 잘 안됐으면 좋겠고, 나보다 못 사는 모습을 보면서 은근한 우월의식을 느끼는 게 치졸한 이면일지도 모르겠다.

친구가 별로 없다는 이유로 우울해하지 않아도 된다. 친구가 많은 게 좋은 것도 아니고, 친구가 적은 게 나쁜 것도 아니다. 사는 게 하염없이 지칠 때나 벅차게 좋은 일이 있을 때, 감정을 같이 느껴줄 사람 한두 명만 있다면 그것으로 충분하다. 누군가에게는 그런 존재가 부모님일 수 있고, 배우자일 수 있고, 친구일 수 있고, 애인일 수도 있다. 그게 누구라 하여도 괜찮다.

동창들과 거의 연락하지 않고 지내지만, 건너 건너 들려오는 소식들이 재밌는 게 많다. 죽고 못 사는 대단한 우정인 것처럼 말하던 애들끼리 싸움이 났다는 이야기. 평생 우정을 다짐했던 애들끼리 결혼식 축의금 5만 원 때문에 손절했다는 이야기. 애를 많이 낳았는데 그때마다 번번이 돌잔치에 초대해서 연락을 끊었다는 이야기. 사업이 좀 잘되는 것 같으니까 돈 빌려달라는 연락뿐이었다는 이야기. 가벼운 우정의 말로는 결국 딱 이 정도이다.

여러 명의 친구와 두루두루 친하게 지내는 삶이 자신에게 긍정적인 영향을 주는 경우는 거의 없다. '잘 살다'라는 말은 심리적 안정을 위해 주도적으로 내 삶을 살아간다는 사실이 대명제가 되어야 한다. 친구는 친구일 뿐이다. 거대한 의미를 부여할 필요는 없다. 자신의 인생에서 타인이 차지할 공간을 너무 크게 비워놓지 않았으면 좋겠다. 살아가며 느끼는 결핍감은 타인이 메꿀 수 있는 게 아니다. 당신만의 인생을 당당히 살아가면 된다.

> 사는 게 하염없이 지칠 때나 벅차게 좋은 일이 있을 때,
> 감정을 같이 느껴줄 사람 한두 명만 있다면.
> 그것으로 충분하다.

인생에서 가장 중요한 것은 '돈'일까?

((

　돈이 인생에서 중요한 것임은 분명하다. 다만 '가장 중요한 것'이라는 말에는 동의하기 어렵다. 나도 전에는 '돈보다 중요한 게 많다'라는 말을 이해하지 못했다. 이십 대에는 이뤄낼 것은 많지만, 이뤄낸 것은 없었던 나이였다. 당연히 부족한 건 돈이었다. 타인과 나를 비교하게 되는 것도 돈에 관련된 것들이었고, 성공이 무엇인지도 모르면서 성공해서 돈을 많이 벌고 싶다며 다짐했다. 조금씩 이뤄지고 이뤄놓은 것을 지켜내는 것에도 신경 쓰는 나이가 되자, 생각의 가치관도 자연스레 바뀌게 되었다. 돈보다 중요한 게 많다는 걸 조금은 알 것 같았다.

가끔 사람들에게 글 쓰는 것 말고 더 돈 되는 걸 찾아야 하지 않겠냐는 말을 듣기도 한다. 그런 말을 들을 때마다 대수롭지 않게 흘려들으려 노력하지만, 마음이 씁쓸해진다. 직업은 단순히 돈으로만 결정하는 것은 아니다. 생각하는 것보다 훨씬 더 많은 가치관과 고민들이 얽히고 설켜서 운명처럼 만들어지는 게 직업이다. 그렇게 갖게 된 남의 직업에 대해서 쉽게 폄하하는 예의 없음에 깜짝 놀라게 된다.

 돈 되는 일을 하라고 잔소리하는 사람을 만날 때면 나는 되려 묻곤 한다. 돈 되는 일은 어떤 것이냐고. 연봉이 높은 직장에 다닌다고 해도 일확천금을 버는 게 아니라, 정해진 월급을 받는 일이다. 재테크를 한다고 해도 위험부담이 산재해있는 시장에서 살아남기란 어렵다. 쉬운 일이 아무것도 없는데, 돈 되는 일이라고 말할 수 있는 게 무엇이 있을까. 아이러니하게도 내 주변에서 돈이 인생의 최고 가치라며, 돈을 많이 벌어야 한다고 계속 떠드는 사람들 중 대다수는 그다지 부유한 사람이 없다는 것이다.

나는 부자도 아니고, 코인 같은 것에도 관심이 없다. 대신 돈에 잠식당한 삶이 얼마나 위험한지는 알고 있다. 내 지인의 이야기다. 드라마나 영화에 나오는 전형적인 무능하고 능력 없는 부잣집 아들이었다. 자신의 삶을 잘 꾸려보려는 사소한 노력조차 하지 않고, 부모님에게만 의탁해서 살아가는 사람이었다. 그런 무능력한 사람이 부모님이 돌아가시자마자 기다렸다는 듯이 물려받은 유산으로 사업을 시작한 것이다. 주변 사람들 모두가 반대했지만, 그는 개의치 않았다. 큰돈을 투자해야만 더 큰 돈을 벌 수 있다고 주장했다. 당당했던 그의 포부와는 다르게, 그의 부모님이 평생을 모아놓은 엄청난 재산은 사라졌다. 어리석은 자의 탐욕은 자멸의 길을 스스로 선택하게 했다. 가진 돈을 지키기만 했더라도 평범한 사람들보다 훨씬 안정적으로 살았을 것이었다. 아둔함과 욕심 때문에 본인 손으로 자신과 자기 가족들의 삶을 나락으로 밀어넣게 되었다.

돈은 중요한 게 맞지만, 그것이 인생의 최우선순위가 될 필요가 있을까 싶다. 돈을 벌기 위해 사는 게 아니라,

자기 일을 좋아하는 만큼 열심히 하다 보면 경제적인 안정성도 따라오는 것 같다. 정말로 일을 좋아하는 친구가 있다. 동기들 중에서 승진도 가장 빠르고 고액의 상여금을 받으며 직장 생활을 하고 있다. 워커홀릭이라는 단어가 이렇게까지 안성맞춤인 사람을 본 적이 없다. 그녀는 자신의 일 자체를 무척이나 자랑스러워하고 사랑하는 사람이다. 그렇게 쉬지 않고 달려온 건 단지 월급이나 상여금 때문은 아니었다. 그녀의 원동력은 자기 발전이었다. 회사에서 본인의 입지를 다지고, 점점 더 인정받는 일련의 과정 자체가 그녀에게 행복이었다.

불안정한 직업의 대표주자인 책을 쓰는 작가인 나도 마찬가지이다. 글을 쓰는 사람이 직장인 같은 안정적인 경제력을 가질 수 있었던 것은 돈 때문에 글을 쓰지 않은 덕분이었다. 동료 작가들을 만나면 어쩔 수 없이 다들 인세나 계약금 같은 돈에 관한 이야기들이 나오곤 한다. 잘 팔리는 글을 써야겠다는 이야기나 돈이 되는 책을 내야 한다는 이야기가 넘쳐났었다. 나는 그런 말들에 귀 기울이지 않았다. 내가 열심히 글을 썼던 이유는 나의 글이 누군가에게 힘이 되길 바라는 마음에서 시작한 것이었다. 돈 되는 글이 무엇인지, 잘 팔리는 책이 어떤 특징인지는 모르겠다. 다만 잘 다듬어진 따뜻한 글을 쓰는 게 작가에게는 가장 중요한 일이라는 건 안다. 그 신념으로 열심히 내 일에 최선을 다했을 뿐이었다.

한 기업에 강연하러 갔을 때 이런 질문을 받은 적이 있었다.

"돈이라도 많이 벌면 모를까, 열심히 산다고 해도 다 비슷한 월급 받는 샐러리맨의 삶이잖아요. 내 삶이 어떤 날에는 아무런 의미가 없는 것 같이 느껴져요."

삶의 진정한 의미는 통장에 찍히는 월급의 금액이 나타내는 것도 아니고, 누군가가 건네주는 것도 아니다. 자신이 찾아가고 만들어가는 것이다. 모든 것을 다 돈으로만 환산해 생각한다면 세상살이의 진짜 의미와 가치에 대해서는 깨닫지 못하고 만다. 남들과 비슷한 하루를 살고 너무 평범해서 지루한 삶이라고 낙담하지 않았으면 좋겠다.

딱히 특별한 것 없는 하루를 보내고 매일 일하는 게 반복되는 날들이지만, 살아냄 자체가 대단한 일이다. 매일을 버텨내고 자신의 자리에서 최선을 다하는 당신이 세상에서 제일 가치 있는 존재라는 걸 잊지 않았으면 좋겠다.

나도 예전에 새벽까지 원고 작업을 하다가, 문득 이런 생각이 들었다. 이렇게 한다고 해서 부자가 되는 것도 아닌데, 왜 이렇게까지 고생하고 있는 것인지 말이다. 그런 생각이 더 커지지 않게, 첫 마음을 떠올렸다. 애초에 나는 글 쓰는 일을 너무 사랑해서 시작했다. 내가 쓴 글이 세상으로 나가서, 누군가에게 응원이 될 수 있다는 게 가장 큰 보람이자 행복이었다.

누구에게나 첫 마음이 있다. 그토록 꿈꾸던 일을 내가 하게 되었을 때 느꼈던 감정은 평생 잊지 못할 것이다. 첫 직장, 첫 출근, 모든 처음은 설레는 법이다. 내가 사회의 구성원으로 일할 수 있다는 사실, 내 능력으로 무언갈 해냈다는 성취감, 그것만으로도 큰 보람이자 삶의 이유가 되었던 나날들을 떠올렸으면 좋겠다. 그 자리에 닿기 위해 쌓아 올렸던 시간들이 당신의 가치를 말해주고 있는 것이다. 매너리즘에 빠져 자신의 첫 마음마저 잃어버리지 않아야 한다.

생각해보면 우리는 모든 선택 앞에서 돈이 전부가 아닌 삶을 살아왔다. 돈이 아닌 다른 것에 더 큰 가치를 두고 살아온 것이다. 중요한 선택을 해야 할 때, 자신에게서 가장 소중한 것들을 우선순위에 두고서 선택해낸 결과가 오늘이다. 그러니 가치 없는 오늘은 절대 있을 수가 없다. 과거의 내가 고심하고 또 고심한 끝에 만들어낸 귀중한 오늘이다.

> 삶의 진정한 의미는
> 통장에 찍히는 월급의 금액이 나타내는 것도 아니고,
> 누군가가 건네주는 것도 아니다.
> 자신이 찾아가고 만들어가는 것이다.
> 모든 것을 다 돈으로만 환산해 생각한다면
> 세상살이의 진짜 의미와 가치에 대해서는
> 깨닫지 못하고 만다.

인간관계에서
내가 다치지 않는 법

(

　타인과 나의 경계선을 명쾌하게 나눠놓는다. 타인이 접근할 수 있는 곳과 함부로 건드릴 수 없는 곳을 정해놓는 것이다. 나 같은 경우는 사람들과 서로 마음 상하지 않고 안전하게 지내기 위해서, 경계선을 이왕이면 튼튼한 벽으로 만드는 편이다. 인간관계에서 나를 다치게 하지 않고, 또 내가 남을 다치게 하지 않는 것은 생각보다 간단한 일이다. 설정된 관계에서 내가 할 일은 잘하고, 적당히 거리를 두고, 사적인 부분은 전혀 궁금해하지 않은 채로 지내면 된다. 물론 그게 말처럼 쉽지 않다. 관계의 작동은 나만 잘한다고 해서 저절로 잘 풀리는 일이 아니다. 아무리 내가 적절하게 행동하더라도 상대가 쉽게 경계선을 침범하거나, 무례한 행동을 한다면 둘 다 불편해지고 만다.

그럴 때 우리는 싫은 소리를 해야 할 필요성을 느낀다. 그건 무례한 행동이라고 단호한 경고를 해야 한다는 걸 알지만, 마음처럼 입이 떨어지지 않을 것이다. 굳이 느끼지 않아도 될 미안함과 죄책감이 자리 잡았기 때문이다. 상대가 속상해하면 어떡할까 미리 걱정하는 실수를 범한다. 역설적인 상황이 만들어지고 만다. 먼저 잘못한 상대 때문에 기분이 상하고 속상한 상태인데, 되려 내가 상대의 기분이 상할까 봐 염려하는 것이다.

한 사람의 침묵이나 인내가 만들어낸 관계의 연속성은 아무런 가치가 없다. 그건 당장 내일이라도 깨질지 모르는 위태로운 관계일 뿐이다. 관계 안에서 행복하고, 상처받지 않으려면 위태로운 관계로부터 멀어져야 한다. 연인 혹은 친구라는 이름으로 침범하지 말아야 할 곳을 들어오려고 하는 건 분명한 잘못이다. 그릇된 행동에 대해서는 분명하고 명확한 경고를 해야 한다.

안 좋은 소리를 어떻게 좋게 할 수 있을까. 안 좋은 소리는 어쩔 수 없이 안 좋은 소리이다. 굳이 남에게 착한 사람으로 보일 필요는 없다. 미움받기 싫다는 이유로 나 자신이 힘들어지도록 방관해서는 안 된다. 싫으면 싫고, 불쾌하면 불쾌했다고 알려줘야 자기 삶이 평온해질 수 있다. 남에게 착한 사람이 될수록 정작 힘들어지는 것은 자신이 되는 경우가 많다.

허허실실 웃으며 좋은 사람 흉내를 내고 살았던 때보다, 내 사람들에게만 좋은 사람으로 살아가는 지금이 훨씬 더 행복하다. 내가 소화할 수 있는 만큼의 것들만 소화하고, 불필요한 것들은 정리하며 지내고 있다. 나를 속상하게 한 상대에게 내가 속상했음을 알려주는 것은 당연한 일이다. 그래야 그 사람이 다시 그런 실수를 반복하지 않을 수 있다. 아닌 것을 아니라고 말해주는 것은 단지 나만을 위한 것이 아니라, '우리'라는 관계를 위해서 꼭 필요한 것이다.

완전한 남은 신경 쓰지 않지만, 아는 사이에서는 달라

진다. 상대가 무례한 말이나 행동을 했다면. 그 언행이 나에게 큰 실례였다는 걸 느끼게끔 말해준다. 불쾌함을 느꼈던 부분을 알려줘야만, 상대도 나와의 인연을 계속 이어갈지 말지를 결정할 수 있다. 이 정도는 이해할 수 있는 게 아닌가? 하면서 나를 예민한 사람이라 생각한다면 멀어질 것이다. 반대로 다음에는 이런 실수를 하지 말아야겠다고 생각한다면 그 관계는 앞으로 원만하게 흘러간다. 관계는 나 혼자서만 통제할 수 있는 게 아니기에, 각자 서로를 알아가는 과정이 필요하다.

전 직장 동료는 감수성이 풍부하고 정말 순하다. 나보다 더 싫은 소리를 못 하고, 웬만한 것들은 다 참고 사는 사람이다. 그녀는 정말로 모든 사람에게 좋은 사람이다. 그리고 특히나 자신의 애인에게는 이해심이 넘치는 사람이다. 그녀가 해준 이야기를 조금만 들어도 남자는 말이 아니라 독을 뱉는 것 같은 사람이었다.

"속마음은 착한 사람이야. 그걸 잘 표현 못해서 그래. 그래도 좋은 사람이야."

그녀가 선택한 삶이기에 나는 뭐라고 말하지 않지만

답답한 건 사실이었다.

 속마음이 착한 사람이고, 좋은 사람이라면 애초에 상대의 마음을 살피며 말했을 것이다. 선을 넘지 않고서 말을 예쁘게 하는 건 듣는 이에 대한 기본적인 배려이자 선한 마음이다. 사람은 자기가 말하면서도 이 말이 상대에게 칼이 되어 꽂힐지, 향기로 머무르게 될지 다 인지하고 말한다. 일부러 다치라고 던지는 말도 있고, 상처가 되지 않도록 조심히 건네는 말도 있다. 아프게 하는 말만 던지는 사람은 절대 좋은 사람이 아닐 텐데, 그녀는 애써 그 사실을 모른 척하고 싶었던 것 같다. 나도 더는 상관하지도, 내 생각을 말하지도 않았다.

 그런 그녀에게 연락이 왔다. 정신건강의학과를 다니고 있다며, 혹시 괜찮은 상담센터를 아는지 물어보러 전화한 것이다. 아마 그녀는 병원 치료와 약의 도움을 받아서라도 계속 그 관계를 유지하려고 하는 모양이다. 자신을 보호할 테두리가 갖춰지지 않은 채 억지로 시작한 관계는 결국 한 쪽이 처참히 아파지고야 만다.

세상에 어떤 관계라 하더라도 내가 정해놓은 경계를 함부로 침해할 수 있는 사람은 아무도 없다. 나를 지키는 것이 최우선이 되어야 한다. 타인은 나를 쉽게 무시할 수도 없고, 섣불리 판단할 자격도 없다. 관계의 구성원들은 각자 위치에서 서로 겹치지 않아야 한다. 마치 평행선의 형태로 적절한 거리를 남겨두고서 함께해야 부딪히지 않고 오래 갈 수 있다.

조금은 이기적으로 내 마음부터 돌보며 살아도 된다. 남이 서운할까 봐, 남이 속상할까 봐, 내 말이 상처가 될까 봐 전전긍긍하느라 정작 자신의 마음이 넝마가 될 때까지 가만히 있지 않으면 좋겠다. 무례한 것은 무례하다고, 불편한 것은 불편하다고, 너무 과한 부탁이라 거절한다고. 해야 할 말은 하면서 살기를 바란다. 그런 말 한 번으로 멀어질 관계라면 어차피 언젠가 멀어질 관계이다. 관계의 멀어짐과 가까워짐을 고려하기 전에 가장 먼저 살펴야 할 것은 '나'의 안온함이니까.

SNS 끊어야 할까요?

((

 SNS를 끊어야 하는지 고민된다면, 스스로 느끼기에 긍정적이지 못한 영향을 받고 있기 때문이 아닐까. 소셜네트워크로 인한 부정적인 영향은 그것의 기능 자체에 문제가 있다기보다는 사람들 복잡한 심리가 얽혀서 나타나는 것일지 모른다. 심리학 강연에 이런 내용이 있었다. SNS에 중독되어 있는 사람들의 실체에 관한 것이었다. 과하게 SNS에 자신의 일상을 올리는 대부분의 사람들은 오히려 자신을 감추고 싶은 심리가 내재되어 있다고 한다. 자신의 현실을 부정하는 마음과 SNS에서라도 행복한 척 꾸미고 싶은 마음이 만들어낸 결과물인 것이다. 오히려 많은 것을 갖고 있고, 내면적으로 결핍이 없는 사람은 굳이 남들에게 뭔가를 내보이려고 하지 않았다. 매일 특별하고 행복하게만 사는 것처럼 애쓰는 사진 한 장에 담겨있는 딱한 사정을 알게 되면 SNS에 그다지 휘둘리지는 않을 것이다.

 나도 SNS의 화려한 모습을 진실이라고 믿었던 때가 있었다. 입사하고 싶었던 회사에 인턴으로 입사했었다. 아무것도 모르지만, 열심히 배우면서 일하고 있었을 때였다. 인턴 합격은 학생으로서 부지런히 공부하고 책임감 있게 살았던 자랑스러운 결과물 같은 것이었다. 하지만 그 자랑스러움은 금방 사라지고 말았다. SNS 때문이었다. 나는 그토록 노력했는데도 평범한 회사원이 되었다. SNS에서 보이는 지인들의 화려한 모습은 내 삶과는 전혀 다른 삶을 살고 있는 것처럼 보였다. 당시 내 월급 몇 개월 치를 모아야 살 수 있는 가방을 남자친구에게 선물 받았다는 동창도 있었고, 물가가 비싸기로 유명한 스위스 여행 인증샷을 올리는 친구도 있었고, 수입 자동차의 로고가 보이게 찍은 네일아트 인증샷도 있었다.

문득 그런 생각이 들었다. 나는 무엇 때문에 그렇게까지 열심히 살았을까. 이 생각이 나를 괴롭혔다. 괜히 내 삶이 초라해 보이고 싫어졌다. 잠을 줄여가며 공부하고, 놀지 않고 공부했던 나의 지난날이 한심하게 느껴질 정도였다. 지금도 평범하고, 앞으로도 계속 평범한 삶을 살아갈 나의 일상은 언제쯤 빛나려나 싶었다. 그런 사진들을 보기 전까지 내 삶이 부지런히 반짝거린다고 느꼈었는데, 그 빛이 사그라드는 건 순식간이었다.

할 줄 아는 게 열심히 하는 것밖에 없던 나는 언제나처럼 부지런히 살아가고 있었다. 회사에 조금 적응되었을 때 친구에게 연락이 왔다. 오랜만에 만나자는 이야기였다. 회사 근처로 와준 그녀는 학생 때처럼 여전히 밝은 사람이었다. 일식집에서 밥을 먹으면서 그녀는 내가 예상하지 못했던 이야기들을 들려줬었다. 살아가는 데에 불필요한 친구들을 다 정리해버렸던 나와는 다르게 그녀는 모든 동창을 챙겨주며 잘 지내는 마당발이었다. 동창들에 관해서 모르는 게 없었다. 남자친구에게 명품 가방을 받았다고 SNS에 자랑하던 애는 남자친구의 사업자금을 자기 이름으로 대출해준 탓에, 대출금을 대신 갚느라 힘든 상황이었다. 어린 나이에 수입 자동차를 몰고 다니는 줄 알았던 애는 렌터카였다. 스위스로 여행을 간 친구는 학교 다닐 때 아무도 몰랐지만, 원래부터 부유한 집안의 딸이라고 했다.

작은 핸드폰 안에 보이는 사진으로는 절대 알지 못할 이야기들을 들으니 뭔가 허무해졌다. 그리고 나한테 미안해졌다. 내가 살아가는 삶에 집중하지 못했다는 점이 부끄러웠다. 보이는 것을 그대로 믿고, 그것에 연연했던 건 어리석은 행동이었다. 그 일이 있고 난 후부터는 신기하게 SNS에 어떤 사진을 보더라도 별 감흥이 없어졌다. 특별한 환경에서 자란 사람이 아니라면, 사람 사는 건 결국 비슷하다. 내가 힘든 만큼 남도 힘들고, 남이 즐거운 만큼 나도 즐거운 법이다. 그러니 괜히 사진 한 장에 의기소침해질 필요는 없었다.

SNS가 막연히 나쁘다기보다는 그것을 어떻게 사용하고 받아들이느냐의 차이일 것 같다. 괜스레 남들과 비교하게 되고 자신의 삶이 초라하게 느껴진다면, 그때는 SNS를 멀리하는 게 정신 건강에 훨씬 이로울 것이다. 혹은 SNS에 시시콜콜 올리고 싶다거나 자랑하고 싶을 때도 SNS에서 멀어져야 일상을 온전히 영위할 수 있게 된다. 누군가를 만났을 때 SNS를 위해 사는 것 같은 사람과 다시는 보지 않는다. 정작 앞에 있는 사람에게는 관심이 없고, 오직 인스타용 사진만을 찍어대는 사람과는 대화조차 할 수 없다. 현실을 팔아 가짜의 삶을 취하는 건 너무 어리석게 보일 뿐이다.

보이는 것들의 실상을 인지하는 것만큼이나 중요한 것은 남에게 보여지는 것에 큰 의의를 두지 않는 태도인 것 같다. 타인의 평가나 칭찬에 연연해하는 건 피곤한 일이다. SNS에서 불특정 다수에게 내 모습이 어떻게 보일지 의식하기 시작하면, 매일이 스트레스가 될지도 모른다.

SNS에 보이는 모든 게시글을 다 신경 쓰고, 자신과 비교하거나, 보이는 것을 보이는 대로 믿을 필요는 없다. 차라리 가벼운 가십거리, 혹은 금방 잊어버리게 될 순간의 재밋거리 정도로 치부해도 된다. 나를 불편하게 하는 것까지 일일이 마음 쓸 필요가 없다. 그렇게 태도가 바뀌면, 남들 또한 나의 SNS를 가볍게 보고 지나갈 것이라는 사실을 자연스레 깨닫게 될 것이다. 발붙이고 살아가는 현실에 충실하면 된다. SNS는 누군가에겐 취미이고, 다른 이에겐 여유 시간을 활용하는 매개체이고, 어떤 사람에게는 유희 거리일 수도 있다. 의미 없는 것에 의미를 두지 말고, 당신의 현실에서 열심히 즐거웠으면 좋겠다. 행복한 마음은 사진이 아니라 마음에 남겨지는 것이니까.

의미 없는 것에 의미를 두지 말고,
당신의 현실에서 열심히 즐거웠으면 좋겠습니다.

"행복한 마음은 사진이 아니라 마음에 남겨지는 것이니까."

남의 말에 스트레스 받지 않는 방법

((

　세상에는 불필요한 말들이 참 많다. 굳이 해주지 않아도 될 남의 걱정을 앞장서서 해주는 사람도 있고, 물어보지 않은 이야기를 떠벌리는 사람도 있고, 충고랍시고 쓸데없는 이야기만 왕창 하는 사람도 있고, 솔직하다는 핑계로 무례한 말을 내뱉는 사람도 있다. 이런 사람들은 글자로만 봐도 커다란 스트레스 덩어리들이다. 스트레스의 근원지들로부터 나를 보호하기 위해서 내가 선택한 것은 생각의 틀을 조금 바꾸는 것이었다.

불편한 말을 서슴없이 하는 사람에 대해서 생각이 부족한 사람, 무례한 사람, 건방진 사람이라고 생각했다. 생각하면 할수록 미워하고 싫어하는 감정만 커졌다. 부정적인 감정은 꼭 불을 닮아서, 금방이라도 내 심경을 잿더미로 만들곤 했다. 듣고 싶은 말만 골라서 들을 수 없어서, 듣고 받아들이는 방식을 바꿨다.

모든 행동에 있어서 바탕이 되는 것은 기본 소양이다. 살아갈 때 자신도 불편함을 느끼지 않고 남에게도 불편을 끼치지 않기 위해서 아주 기본적인 지식은 필요한 법이다. 어떤 행동이나 말이 무례한지 아는 것 또한 거기에 포함된다. 그렇기에 대다수 사람들은 넘지 말아야 할 선을 넘지 않고, 서로를 배려하는 언행으로 살아가고 있다. 남을 아프게 하는 말을 던지는 사람은 그런 기본적인 지식조차 결여된 사람이라는 결론이 자연스레 도출된다.

말로 타인을 아프게 하는 사람은 솔직함과 무례함을 구별하지 못하는 아둔함, 상대의 기분을 고려하지 않는 어리석음, 자신의 입장만 생각하는 미련함을 가진 것이다.

기본조차 배우지 못한 존재에게 내 에너지를 굳이 쓸 필요가 없겠다는 생각이 들었다. 그렇게 생각이 정리되자 넘실거렸던 화가 점차 가라앉았고, 부글거렸던 감정들이 잠잠해짐을 느꼈다.

나쁜 말을 쉽게 내뱉거나 무례한 언행을 일삼는 사람을 보면, 차라리 불쌍하다는 감정이 들기 시작했다. 삶을 살아가는 데에 아주 필수적인 것조차 배우지 못 한 사람이라 생각이 들면, 오히려 동정심이 생기는 것이다. 내가 여기서 화를 내지 않아도 저 사람은 결국 사회에서 도태되거나 큰 문제가 생길 것이라는 게 보였다. 세상은 자애롭다가도 냉정한 곳이라서 언젠가는 자신이 칼처럼 뱉어 놓은 말들이 다시 재앙이 되어 돌아가는 법이다. 자기가 한 말들이 다시 돌고 돌아 결국 스스로 돌팔매질 당할 것이라는 게 느껴져서, 굳이 내가 나서서 고치려 들지 않는다.

아이러니하게 무례한 사람들을 만날수록 나는 점점 더 친절한 사람이 되어간다. 무시할 말은 더 부드럽게 무시하고, 불쾌한 행동은 상냥하고 직설적으로 지적하게 된다. 내 가족이나 친구도 아닌데 굳이 목소리를 높여 타이를 필요가 없다.

말이라고 해서 다 같은 무게를 가진 건 아니다. 입에서 나왔다는 공통점 하나만으로 말다운 말과 동일선상에 놓일 자격은 없다. 말하는 게 자유이듯 그것을 받아들일지 무시할지 결정하는 것 또한 자유이다. 모든 말들을 진지하게 받아들이지 않는 것도 좋은 방법이다. 아무리 많은 말들이 혼재되어 있어도, 그것들을 선택해서 취할 권리는 오직 나에게만 있다. 적당히 듣는 척하거나, 아예 무시해도 괜찮다.

'듣다'라는 동사는 여러 가지 뜻을 가지고 있다. 간단하게 나눠보자면 감각기관을 통해 알아차린다는 뜻과 다른 사람의 말을 받아들인다는 뜻으로 구별할 수 있다. 대부분 타인의 말을 듣는다고 할 때, 앞서 설명한 두 가지를 동시에 하려고 한다. 어떤 말인지 인지하고, 그걸 모두 받아들이려 한다는 뜻이다. 사실 그럴 필요는 없는데도 말이다.

굳이 모든 말들을 다 내 마음속에 넣어두고 깊이 있게 생각하며 살아갈 필요는 없다. 자기 이야기만 뱉어내고, 실례되는 것인지 구별하지 못한 채 남의 아픈 점을 콕콕 찔러대는 말은 말로써 가치가 없다. 듣지 않았어야 더 좋았을 말도 있고, 도움은커녕 방해만 되는 말도 있다. 쓸데없는 말의 구체적인 내용이라던가 그 너머의 뜻을 알아내려 하지 않아도 된다. 날이 선 말을 삼켜내려고 애쓰다간 결국 다칠 뿐이다.

다가올 날들에서의 당신은 다정한 말만 들었으면 좋겠다. 말다운 말만 마음에 담아놓으면 충분하다. 불쌍하게 여길 말은 불쌍하게 여기고, 버려야 할 말은 버리고, 무시해야 할 말은 무시하면서 들으면 된다. 아무도 당신을 함부로 다치게 할 수는 없으니까.

"아무도 당신을 함부로 다치게 할 수는 없다."

"다가올 날들에서의 당신은 다정한 말만 들었으면 좋겠다."

새로운 인연을 만날 때
        고려하는 점

((

  특정한 무언가를 신경 쓰기 보다는 한 가지만 보지 않으려고 노력한다. 다 알기도 전에 좋은 사람일 거라 미리 추측하지 않는다. 바보 같을 정도로 사람을 서둘러 믿었다가 낭패를 봤던 경험이 너무 많았다. 차분히 그 사람에 대해 알아가려고 노력하는 편이다.

  일단, 우연을 대단하게 생각하지 않는다. 우연 한 가지를 가지고 내가 좋은 사람을 만났을지 모른다는 결론을 도출하지 않으려 노력한다. 우연이 몇 번 반복되었다고 해서 그게 특별한 무엇일 거라는 상상을 거뒀다. 우연을 운명이라는 단어로 치환해서 거창하게 의의를 두지 않으려고 한다. 감성적인 느낌보다는 이성적인 판단에 더 의존한다.

우연은 신기하게 느껴질 만한 일이다. 처음 보는 사람이 나와 닮은 생각을 한다던가, 비슷한 경험을 해봤다던가, 좋아하는 것과 싫어하는 것에 대한 취향이 일치한다는 것은 꽤 특별한 유대감을 만들어낸다. 하지만 정작 그런 것들이 관계 유지에서 대단히 중요한 역할을 하지는 못한다.

살아온 환경이 다름에도 불구하고, 비슷한 점이 있다면 분명 재밌을 것이다. 그런데 그뿐이다. 공통점이 신기해서 초반 몇 번은 이야깃거리로 흥미가 될 수 있다. 그런 감정이 계속되는 것은 아니다. 같은 것을 좋아하는 것보다 중요한 것은 상대의 의견을 존중할 줄 아는 배려심이고, 비슷한 경험을 해본 것보다 중요한 것은 상대의 이야기를 들을 줄 아는 자세이다. 관계가 장기적으로 단단해지기 위해서 필요한 것은 나와 닮은 것 몇 가지가 아니다. 내실 있는 문제에 대해서 깊이 있게 생각을 공유할 수 있어야 한다. 가벼운 유희가 아니라 진짜 마음과 마음을 나눌 수 있는 게 관계의 연속성을 좌우하는 문제이다.

나는 내 남편과 결혼까지 하게 된 이유가 여러 가지이지만, 가장 큰 이유는 이해의 폭이 넓은 사람이라는 점이었다. 사실 우리에게는 그다지 신기한 우연은 없었다. 다른 점이 더 많았다. 전공도 다르고, 세상을 바라보는 시각도 달랐다. 그 당시 사용하고 있는 핸드폰 제조사까지 다를 정도로 각자의 기호가 달랐다. 공통점보다 다른 점이 많은 우리가 결혼하고, 결혼하고 나서도 큰 싸움 없이 안정적인 결혼생활을 하고 있다. 그의 친절함이라던가 다정한 성격 한 가지만 보고 '이 사람은 너무 좋은 사람이 분명해.'라고 쉽게 단정 짓지 않았던 덕분이다. 그를 안 지 얼마 안 됐을 때부터 차분히 그가 어떤 사람인지 봤었다. 수용할 줄 아는 사람인지, 편향된 사고를 가진 사람은 아닌지, 약속을 무겁게 생각하는 사람인지 등을 유심히 봤었다. 그는 분명히 잘못된 것들을 제외하면 모든 것을 수용할 줄 아는 사람이었고, 어떤 문제에 대해서도 편협한 사고를 하지 않았고, 신뢰를 가장 중요하게 생각하는 사람이었다.

이야기하는 걸 좋아하는 나에게 남편은 썸남 시절부터 애인 그리고 남편이 되어서까지 가장 좋은 대화상대이다. 시사, 정치, 사회, 문학 여러 주제에 대해서도 치우친 사고를 갖지 않은 남편이라서 가능한 일이다. 이 남자가 좋은 사람일까 궁금해하고, 조심히, 천천히 알아본 덕분에 나는 연애 때보다 지금의 남편이 더 좋다.

반대의 경우도 있었다. 우연히 알게 된 동갑내기가 있었다. 그녀는 알고 봤더니 나와 같은 것을 전공했고, 여러 면에서 비슷한 점들이 너무 많았다. 우연에 속지 말자는 내 다짐이 무색할 만큼 그녀와 금방 친해졌다. 분명 나에게 좋은 인연이 되어줄 것이라고 속단했었다. 속단의 결과는 역시나 낭패였다. 차분하게 그 사람을 다 알기도 전에 먼저 좋은 사람일 거라고 내렸던 임의 판단은 완전히 틀렸다.

새롭다는 것은 새삼스러운 설렘을 가져온다. 그 설렘은 잠시 판단력을 방해하곤 한다. 어떤 한 가지에 꽂히게 만들거나, 별거 아닌 것에 의의를 두게 하는 것이다. 새로운 인연이 실망으로 변질되거나 안 좋은 기억으로 남지 않으려면, 최종 판단까지 이왕이면 이성적이고 여유롭게 생각해야 한다. 마음 기저에 자리 잡고 있는 만남에 대한 조바심을 최대한 덜어두고 상대를 있는 그대로 바라보는 게 중요하다.

우리는 더 이상 어린아이가 아니다. 많은 사람을 만나봤고, 인연의 이어짐과 끊어짐을 모두 겪어봤다. 그 덕분에 자신이 어떤 사람과 함께해야 편안한지도 알고, 반대로 어떤 사람은 피해야 하는지도 알고 있다. 모든 경험이 판단의 기준점들이 되어줄 것이다. 좋은 점 한 가지에 마음을 뺏기기보다는, 나쁜 점 한 가지를 더 고민했으면 좋겠다. 이것만 빼면 좋은 사람이 진짜 좋은 사람인 것인지 말이다.

인연은 때가 되면 서로를 알아보고 찾아온다고 한다. 낭만적인 말이지만, 아직은 잘 모르겠다. 인연은 내가 판단하고, 선택하고, 만들어내는 것이다. 그래야 안전한 법이다.

모든 관계에는 내 몫이 있고, 그 관계를 함께하는 상대의 몫이 있다. 각자 자신의 몫을 책임감 있게 짊어질 건강한 관계를 만들어 나갈 당신이다. 인연이기에 적절한 고민과 망설임, 많은 생각이 필요한 것은 당연한 일이다. 당신에게 꼭 맞는 인연을 찾아낼 것이다. 실컷 고민하고, 차분하게 생각하면서.

모든 관계에는 내 몫이 있고,
그 관계를 함께하는 상대의 몫이 있다.

각자 자신의 몫을 책임감 있게 짊어질 때,
비로소 건강한 관계가 성립된다.

"실컷 고민하고, 차분히 생각하길."

힘든 시간을 보내고 있는 사람에게

((

 세상이 나에게만 관대하지 않은 것 같을 때가 있다. 모두 자기 길을 찾아서 잘 가고 있는 것 같은데, 나만 길을 잃고 혼자 덩그러니 멈춰있는 기분이 들곤 한다. 구체적으로 표현할 수 없는 불안함, 두려움, 속상함 같은 무수한 감정들이 헝클어지듯 섞여서 가슴 한 가운데에 자리하게 된다. 엉망이 된 감정을 모른 척하지 말고 잘 살펴줬으면 좋겠다. 무작정 괜찮은 척 숨겨놓는다고 해서 나아질 것은 아무것도 없다. 오히려 안에서 마음만 더 힘들어질지 모른다.

내가 감히 다 알 수 없을 만큼 고된 시간을 보내고 있을 당신이다. 분명한 건 그 시간은 지나간다는 것이고, 지금의 사무치는 어려움도 언젠가는 경험이 된다는 사실이다. 당신은 당신이 생각하는 것보다 훨씬 괜찮은 사람이다. 쉽게 무너지지 않을 것이고, 오늘의 힘듦이 당신을 주저앉게 만들지 못할 것이다.

"괜찮아, 그거 별거 아니야. 남들도 다 그렇게 살아."라는 위로만큼 쓸모없는 말은 없다. 남들이 그렇게 살았다는 게 위안이 되어주지 않는다. 별거 아닌 게 아니라, 당신에게는 세상의 전부인 문제이다. 저런 무책임한 말에 마음을 뺏길 필요 없다. 그러니 마음껏 힘들어하고 고민해도 된다. 시간이 지난 후에 이 힘듦을 잘 이겨냈다는 사실을 기특하게 여기게 될 날이 머지않았다.

원하지 않았던 실패, 유난히 잘 풀리지 않는 시기를 가지고 안 좋은 쪽으로 확대 해석할 것은 없다. 지금 잘 안됐다면 다음이 존재한다. 일시 정지를 누른 채 잠시 쉴 수는 있어도, 완전한 정지 버튼을 눌러서는 안 된다. 당신이 만들어갈 이야기는 계속되어야 한다. 슬프고 어렵게만 느껴지는 삶이라 해도 당신은 누구보다 현명하게 잘 지나갈 것이라고 믿는다.

영화 같은 성공담은 덮어두고, 우연의 힘으로 모든 일이 잘 풀리는 드라마 속 주인공의 서사도 잠시 덮어둔다. 노력한 만큼 결과가 나오지 않기도 하고, 원하는 모든 것을 가질 수 없는 경우가 허다하고, 믿었던 사람이 나를 배신하기도 하는 게 삶이다. 내 뜻대로 원하던 일이 운명처럼 다 이뤄진다거나, 나를 위해 모든 것을 포기하고 희생해줄 조력자가 넘쳐나는 건 소설 같은 이야기이다. 현실과 동떨어진 이야기들과 나를 비교하면서 더 자책하지 않았으면 좋겠다. 당신이 잘못한 것도 없고, 부족한 것도 없다.

괜한 억울함에 자신을 주눅 들게 하지 않았으면 좋겠다. 생기지 말아야 할 피해의식을 마음에 품고서 잔뜩 가시를 세우지 않아도 된다. 지금의 힘듦은 영원한 것이 아니다. 힘들 때일수록 자신을 잘 챙겨줘야 한다. 밥도 잘 챙겨 먹어야 하고, 자야 할 시간에 자보려고 노력해야 하고, 너무 힘들어서 토해내야 할 것 같으면 슬픈 노래를 듣고 실컷 울기도 해야 한다. 그러다 보면 팽팽하게 긴장된 감정이 점차 누그러질 것이다.

마음이 사무치게 힘들던 날, 나를 더 힘들게 하는 게 있었다. 내 힘듦은 별거 아니라는 듯 치부해 버린 채, 자기가 겪은 일들만 말하는 사람들 때문이었다. 모두 각자에겐 자신의 힘듦이 가장 대단한 일이다. 힘들다는 감정을 비교할 수 없다. 누가 더 무거운지 저울질을 할 필요는 없다. 지금 당신이 겪고 있는 아픔이 가장 큰 아픔인 것이고, 무엇보다 힘겨운 일이다. 잠시 힘들어하는 것조차 남의 눈치를 보지 않았으면 좋겠다.

받아들여야 하는 현실을 의연하게 받아들이고, 두 다리에 힘을 꽉 주고 단단히 버티고 일어서야 한다. 고개를 들어 앞을 바라보고, 움츠러든 어깨는 활짝 펴고서 말이다. 쉬운 일만 있을 수 없는 세상이라서 당신에게도 예기치 못한 어려움이 왔던 것이라 여겨도 된다. 모든 성장에는 아픔이 동반한다. 어린아이들의 성장통처럼, 어른이 된 우리가 삶의 견식을 넓히느라 생긴 성장통이다.

이름 모를 당신에게 안온한 날이 함께하기를 진심으로 바라고 있다. 한바탕 태풍이 휩쓸고 난 자리에 혼자 덩그러니 앉아서, 너무 오래 울고 있지 않았으면 좋겠다. 무너진 것들을 차근히 다시 세울 당신이다. 비가 내리면 우산을 들고, 바람이 불면 바람을 맞고, 눈이 내리면 잠시 몸을 피하기도 하면서 헤쳐 나갈 날들이다. 결국 해는 뜨는 법이다.

일시 정지를 누른 채 잠시 쉴 수는 있어도,
완전한 정지 버튼을 눌러서는 안 된다.

시간이 지난 후에
이 힘듦을 잘 이겨냈다는 사실을
기특하게 여기게 될 날이 머지않았다.

정담이 이야기
제 2부

용기를 전하는 사람이 되고 싶어요.

번아웃이 왔을 때
이겨내는 법

번아웃 : 스트레스를 해결하지 못하여 심신이 지친 상태.

((

최근에 번아웃이 왔다. 이렇게 심한 번아웃을 느꼈던 적이 없었다. 그럭저럭 잘 넘어가며 살았던 것 같은데, 난생처음 겪어보는 감정들 때문에 당황하고만 있었다. 안면 마비로 인해서 갑자기 한쪽 눈까지 보이지 않게 됐다. 귀도 안 들리는데, 눈까지 불편해지자 모든 게 다 무기력해졌다. 요즘의 나는 번아웃에서 점차 나아지는 법을 찾아가고 있다.

번 아웃이 오고 나서 원고 작업이 시작됐었다. 아무것도 하고 싶지 않았지만, 이 감정에 지고 싶지 않았다. 새로운 도전 앞에서 머뭇거리고 있을 때, 유은 작가님 덕분에 겨우 한 발자국을 뗄 수 있었다. 작가님과 함께 무리하지 않고 내가 할 수 있는 만큼만 글을 썼다. 살아왔던 모습과 기억들을 하나씩 꺼내놓고 살펴보는 기분이었다. 행복했던 시절, 너무 속상했던 순간, 다시 돌아가고 싶은 날들, 후회되는 시간까지 다 떠올렸다. 그 당시 느꼈던 생각들과 감정들을 글자로 적어갔다. 기억과 생각이라는 것은 실재하는 게 아니라서 지금껏 이렇게 곰곰이 살펴봤던 적이 없었다.

글을 한 편씩 쓸 때마다 마음이 롤러코스터를 타는 것 같았다. 시간이 지났는데도, 전에 느꼈던 감정들이 그대로 느껴졌다. 슬펐다가, 기뻤다가, 좌절했다가, 이내 잠잠해졌다. 내 경험들을 천천히 되짚어보면서 조금씩 괜찮아지는 것 같았다. 쉽지 않았던 시간이었지만, 나를 더 알아가는 과정이었다. 나의 지난날들을 보면 청각 장애가 막 생겼을 때 아무것도 하지 못하고 멈춰있던 시간도 있었지만, 이내 그걸 딛고 다시 앞으로 나아갔었다. 내가 처한 상황에서 할 수 있는 무엇이라도 해보려고 노력했던 내 모습이 그려졌다.

나는 아직 번아웃으로부터 완전히 벗어난 사람은 아니다. 그래서 '번아웃이 왔을 때 이렇게 해보세요' 같은 멋진 말을 해줄 수도 없다. 만약 이 글을 읽고 있는 당신이 번아웃을 겪고 있다면 우리 같이 괜찮아져 보자는 말을 전하고 싶다. 자동차의 연료가 소진되듯 다 써버린 탓에 지쳐버린 마음이 괜찮아지려면 시간이 필요할 것 같다. 시간이 해결해줄 수 있는 것은 없지만, 시간이 지나야만 나아지는 것도 있다.

친구를 만나기도 하고, 글을 쓰기도 하고, 강아지들과 놀기도 하고, 아무것도 할 수 없는 날이면 집에서 실컷 슬퍼하기도 하면서 지낸다. 번아웃을 한 번에 나아지게 하는 방법은 찾지 못했지만, 번아웃이 왔어도 그런대로 잘 살아내는 방법은 조금 알 것 같다. 유은 작가님은 나에게 그런 말을 했었다.

"사람이니까 지칠 수 있는 거야. 지쳐있는 마음에게 왜 지쳤냐고 타이르지 않아도 돼. 열심히 살아서 힘들어진 거잖아. 여유롭게 기다려줘. 상처 난 곳에 살이 차오르는 데에 시간이 필요하듯, 다 써버린 마음을 채우는 데에도 시간이 필요할 거야."

움푹 파여버린 마음에 새살이 차오르는 날이 올 것이다. 시간이 조금 걸리더라도 괜찮다. 다 괜찮아질 언젠가를 기다린다. 여유롭고 다정하게.

여유롭고 다정하게.
다 괜찮아질 언젠가를 기다린다.
시간이 조금 걸리더라도 괜찮다.
움푹 파여버린 마음에 새살이 차오르는 날이 올 것이다.

고민이 너무 많을 때
　　　이겨내는 나만의 팁

⟪

　나는 고민을 이겨내려고 하지 않고, 고민이 잊혀질 때까지 기다리는 편이다. 고민은 일이 잘 풀릴 때 생기는 것보다 뜻대로 되지 않을 때 생겨나는 경우가 대부분이었다. 갑자기 생긴 고민들에 대해서 꽤 긴 시간 동안 생각하면서 지낸다. 일부러 생각을 하지 말겠다고 다짐하면, 오히려 더 고민이 떠오르는 것 같아서 차라리 실컷 고민한다. 물론 이렇게 생각을 많이 한다고 해서 기가 막힌 해결책이 나와주지는 않는다. 그래도 고민하는 시간이 쌓일수록 내 앞에 나타난 고민을 담담하고 의연하게 정면으로 바라볼 수 있게 되는 것 같다.

귀가 안 들리는 것에 대한 고민이라던가, 지금 나에게 온 안면 마비에 대한 고민들은 내가 아무리 고민해도 답이 없는 고민임을 알고 있다. 나에게 고민의 시간은 해결책을 찾는 시간이라기보다는 생각을 정리하고, 마음을 다잡는 역할이다.

이겨낼 수 없는 문제를 이겨내려고 애쓰지 않고, 해결할 수 없는 고민을 해결하려고 하지 않는다. 해결하지 못한 것은 덮어두고, 일단 살아갈 방향을 찾는다. 지내다 보면 고민들이 하나씩 흐려지는 기분을 느낀다. 그렇게 조금씩 더 담대해진다. 고민들의 생겨남과 사라짐을 지켜보면서.

이겨낼 수 없는 문제를 이겨내려고 애쓰지 않고,
해결할 수 없는 고민을 해결하려고 하지 않는다.
해결하지 못한 것은 덮어두고, 일단 살아갈 방향을 찾는다.

"그렇게 조금씩 더 담대해진다."

'시작'에 빠르고 늦음이 있을까

((

 지금의 내가 새롭게 뭔가 시작하기에는 늦은 건 아닐까 불안할 때도 있다. 늦었다고 생각할 때가 가장 빠르다는 말을 들어본 적이 있는데, 늦었다는 상황을 차라리 인정하고 시작하는 게 더 현명하지 않을까 생각했다.

 사실 〈효리네 민박〉에 출연하고 나서 각종 쇼핑몰에서 모델 섭외가 많이 왔었다. 괜찮은 조건을 제시하는 회사들이 많았지만 모두 거절했었다. 내가 추구하는 느낌을 가진 쇼핑몰을 운영해보고 싶은 게 더 큰 목표였기 때문이었다. 그때는 별다른 생각이 없었는데, 가끔 내가 다른 선택을 했었더라면 어땠을까 상상해보기도 한다. 다른 쇼핑몰에서 일하면서 경험을 쌓았어야 했나, 모델 일을 더 하면서 돈을 더 모아놨어야 했나, 여러 생각들이 들었다. 나에게 주어진 기회들이었는데 그걸 놓쳐버린 게 아닐까 싶어서 괜히 후회될 때도 있었다.

이런 고민을 친구에게 털어놓은 적이 있었다. 내 말을 들은 친구가 해준 말이 인상 깊었다.

"괜찮아. 자, 가정해보는 거야. 그때 네가 모델 일도 열심히 하고, 쇼핑몰에서도 일하면서 1억을 벌 수 있었다고 해보자. 지금의 너는 그 돈을 벌지는 못했지만, 더 공부하고 배우고 느끼면서 갖게 된 잠재력이 그 이상인 거야. 네가 지금 갖고 있는 건 10억짜리 잠재력인 거야. 10억짜리 경험을 한 거라고 생각해."

그때는 듣고서 웃고 넘겼지만, 내 선택에 대한 후회가 스멀스멀 올라올 때면 친구의 말을 떠올린다.

나뿐만 아니라 우리 모두는 지금 돈으로 환산하지 못할 경험을 하고 있는 중이다. 시작이 늦었다면 늦었을 수도 있다. 그건 괜찮다. 늦은 만큼 나아가는 발걸음의 폭이 커졌을 테니까.

우리 모두는 지금
돈으로 환산하지 못할 경험을 하고 있는 중이다.

시작이 늦었다면 늦었을 수도 있다.
그건 괜찮다.
늦은 만큼 나아가는 발걸음의 폭이 더 커졌을 테니까.

"우린 지금 돈으로 환산하지 못할 경험을 하고 있는 중이다."

청담이이야기

실수 혹은 실패에 대하여

☾

 아무리 철저하게 준비하고 열심히 노력했다고 하더라도 모든 일이 다 계획처럼 되지 않는 경우가 많았다. 무조건 성공일 거라고 믿었던 게 꽝이 되어 돌아오는 건 한순간이었다. 그런 경험들을 겪은 후로 어떤 일이던지 실패할 가능성이 있다는 것을 항상 염두해둔다.

 뭔가를 시작해야 할 때면 용기 내는 게 어려워서, 시작하기까지 시간이 조금 걸리는 편이다. 대신에 시작하고 나면 나중에 후회하지 않도록 최선을 다해 끝까지 해보려고 한다. 실패가 두렵지 않은 것은 아니다. 내가 노력한

만큼의 결과치가 나오지 않을 수도 있다는 두려움은 있지만, 그게 무섭다고 해보고 싶었던 일을 시작조차 하지 않는 건 너무 아쉬울 것 같다.

물론 막상 시작했는데, '아, 이건 내가 잘못 생각했구나, 이건 정말 안 되는 거구나.'라는 현실이 빨리 와닿을 때가 있다. 그럴 때는 효율적인 포기를 선택한다. 시작하기 전에 계획했던 내 생각이 틀렸음을 인정하고 다음을 준비한다.

실수나 실패에 대한 후회보다, 아무것도 도전해보지 않았다는 것에 대한 후회가 더 크게 다가올 것 같다. 할 수 있는 만큼 해보고, 안 되면 포기한다는 간결한 생각으로 도전하며 살아간다. 실수하는 게 무섭고, 실패하는 게 두렵다고 가만히 있었다면, 아마 나는 청각 장애가 생긴 뒤로 우울하게만 지냈을 것이다. 넘어져서 생채기가 나더라도 일단 도전해보면 좋겠다. 실패도, 성공도 다 하나의 과정일 뿐이니까.

유튜브를 시작하게 된 계기

((

 오래전부터 유튜브 채널을 운영해보고 싶었다. 다른 일들이 많아서 계속 미뤄두다가 문득 시작해야겠다고 마음먹게 된 계기가 있었다. 〈효리네 민박〉을 통해서 내가 청각 장애인이라는 사실이 알려지고 난 뒤에 장애를 가진 친구들을 많이 알게 되었다. 그리고 내 주변에 있던 친구들 중에서도 청각 장애가 있는 친구가 꽤 있었다는 사실을 그제야 알았다. 대부분 창피해서 혹은 부끄러워서 남에게 알리지 않았다는 말을 들으며 생각이 많아졌다.

가끔 남에게 자신의 장애를 숨기고 있다는 이야기를 들을 때마다 안타까운 심정이 든다. 그런 결정을 할 수밖에 없었던 사정이 있었을 것이다. 뛰어넘어야 할 장애인의 선입견도 두려울 테고, 소수의 사람들이 가진 장애에 대한 불편한 시선도 마음에 걸렸을 것이다. 그 마음을 충분히 이해하지만, 장애가 부끄러운 일이 아니라는 걸 남들에게 말하고 싶었다. 청각장애가 있어도 평범하고 열심히 살아가는 내 일상을 보여주기 위해서 유튜브 계정을 만들었다.

 나는 귀가 안 들리는 게 부끄러운 일이라고 생각해 본 적이 한 번도 없다. 장애는 부끄러운 일이 아니고 불편한 일이라는 걸 유튜브를 통해 보여주고 싶었다. 평범한 하루를 보내는 일상을 보여주고 있다. 따뜻한 시선을 보내주는 구독자분들 덕분에 내 세상이 더 넓어진 기분이다. 꾸준히 촬영하고, 영상을 제작한다. 오늘도 내가 보여주는 행동과 말들이 누군가에게 힘이 될 수 있길 바라며.

시간이 지나면 '다 괜찮아진다'는 말

《

 시간이 지나면 괜찮아진다는 말을 나도 많이 들어봤다. 어떤 의미라는 걸 알고 있지만 그걸 온전히 공감하지는 못한다. 시간이 지나면 괜찮아지는 사람도 있겠지만, 사실 모든 게 다 괜찮아지는 것은 아니다. 시간이 흘러서 해결해주는 게 아니라, 시간이 흐른 만큼 그 문제에 대해서 더 익숙해지는 게 아닐까 생각한다. 당시에는 인정하기 싫어서 부정했던 것들에 대해서, 마음을 내려놓고 인정하게 되니 그 상황에 익숙해지는 것 같다. 그렇기에 다들 괜찮다고 느끼는 것이고, 남들에게도 괜찮아 보이는 것이 아닐까.

 일상을 부지런히 살아가다 보면, 당장 해결해야 할 현실의 문제가 더 중요해진다. 바쁘게 지내다 보면 힘들었던 일을 잠시 잊고 살아가게 된다. 그러다가도 문득 내가 청각 장애라는 걸 처음 인정했던 날이 떠오르게 되면 슬픔의 크기는 여전히 똑같이 느껴진다. 다른 점이라면 처음 겪었던 때보다 덤덤해졌다는 것이다.

나는 귀가 안 들린 지 벌써 8년 정도의 시간이 흘렀다. 이것저것 도전하고, 끊임없이 무언갈 해보려고 노력하면서 지내고 있다. 남들 눈에는 내가 괜찮아 보일 수 있다. 그런데 나는 사실 아직도 괜찮지 않다. 여전히 슬프지만 담담해졌을 뿐이다. 모든 일이 시간이 흐른다고 해서 저절로 괜찮아지는 건 아니었다.

우리는 다 자기만의 아픔을 갖고 살아간다. 괜찮아지지는 못하더라도 덤덤해지는 법을 매일 알아가고 있을 것이다. 시간이 아무리 지나도 괜찮아지지 않는 아픔을 끌어안고 힘들어하는 누군가에게 응원해주고 싶다. 이해할 수 없어도 받아들여야 하는 것이 있고, 인정할 수 없어도 인정해야만 하는 일이 있다. 계속 슬퍼만 할 수 없으니, 용감히 일어나 걸어가기를 바란다. 괜찮지 않아도 괜찮아지는 날이 올 것이다.

인간관계에서
　　가장 힘들었던 경험

〈〈

　인간관계에 대해서 힘들어했던 경험은 딱히 없는 편이다. 물론 나도 친구랑 언쟁이 있었던 적은 있지만, 그것 때문에 정신적으로 힘들지는 않았다. 싸운다는 것도 애정이 있어야 가능한 일이다. 내 옆에 있을 사람이라는 믿음이 있기에, 해결해보려고 노력하는 게 친구 사이에서의 싸움이라고 생각한다. 문제가 생기면 그걸 해결하고, 해결되지 않으면 깔끔하게 정리하면서 지내왔다. 웬만한 것에 관해서는 대화로 풀어보려고 하지만, 아무리 생각해봐도 아니다 싶은 문제라면 과감하게 그 관계를 정리한다.

다행스럽게 나는 단순한 성격을 가진 사람이다. 그 덕분에 날 힘들게 했던 사람은 금방 잊어버리곤 한다. 멀어진 사람들에 대해서는 미련도 없고, 후회하지도 않는다. 멀어진 인연들에 대해서 곱씹지 않아서 인간관계 때문에 스트레스가 거의 없는 것 같다.

 인간관계를 수월하게 겪으려면 중요한 건 그 관계를 계속 유지할 것인지에 대한 결정을 내리는 게 우선인 것 같다. 그럼에도 불구하고 함께 할 것인가, 언젠가 생각날 수 있겠지만 정리할 것인가. 둘 중에 하나를 선택하고 나서부터는 굳이 과거를 돌아보지 않아야 한다. 미련을 붙이지도 말고, 후회를 달아놓지 말고 내 결정을 믿어주면 된다. 우리는 분명 틀린 결정은 하지 않을 테니까.

자존감이 낮아지고 있다고

                느껴질 때

((

  자존감이 떨어졌거나, 힘들거나, 슬픔이 생기면 일단 운다. 참으려고 애쓰지 않고, 괜찮은 척하려고 하지 않는다. 내가 느끼고 있는 부정적인 감정들을 다 뱉어내듯이 펑펑 운다. 지칠 때까지 울고 나면 조금 나아지는 것 같다.

  자존감이 떨어지면 괜히 무엇이든 다 부정적으로 생각하게 되는 것 같다. 예를 들면 다 나 때문에 그렇게 된 것 같다던가, 내가 다 부족해서 생긴 일이라던가, 나 자신이 별 볼 일 없는 사람 같아서 싫다는 생각까지 하게 되기도 한다.

자존감이 떨어지면, 일단 핸드폰을 멀리한다. 타인과의 매개체가 되는 핸드폰을 통해 보게 되는 것들이 이런 시기에는 도움이 되지 않는다. 쉬는 시간이 생기면 핸드폰을 내려놓고 온전한 휴식을 위해 시간을 사용한다. 강아지들과 같이 산책하거나, 집에서 영화도 보면서 굳이 쓸데없는 생각을 하려 하지 않는다. 너무 마음이 심란할 때는 혼자서 훌쩍 여행을 다녀오기도 한다.

조용히 나를 위한 시간을 보내면서 나아지기를 기다린다. 시간이 지나면 꽤 괜찮아진다. 감기를 앓고 지나가듯이, 힘든 시간을 앓고서 지나 보내게 된다.

자존감은 떨어지고 올라가고를 계속 반복하는 것 같다. 꾸준히 높은 자존감을 유지하고 사는 사람도 있겠지만, 나에게는 너무 어려운 일이다. 어떤 날은 내가 잘하는 게 아무것도 없는 것 같아서 특별한 이유 없이 내가 싫어지는 날도 있다. 또 다른 날은 그래도 내가 참 기특하고 잘 살아온 것 같아서 뿌듯한 날도 있다. 왔다 갔다 바뀌는 자존감의 높낮이에 파도를 타듯 지낸다. 울기도 하고, 웃기도 하고. 그러다 보면 언젠가는 높은 위치에 있는 자존감을 잘 지키며 살아갈 수 있지 않을까.

자존감이 떨어졌거나, 힘들거나, 슬픔이 생기면
참으려고 애쓰지 않고, 괜찮은 척하려고 하지 않는다.

조용히 나를 위한 시간을 보내면서 나아지기를 기다린다.
시간이 지나면 꽤 괜찮아진다. "감기를 앓고 지나가듯이."

정담이이야기

결혼에 대한 생각

☾

 내 꿈은 가정을 이루는 것이었다. 그 꿈을 이룰 수 있을지 확답할 수 없지만, 할 수 있다면 가정을 꾸리고 좋은 엄마가 되고 싶다. 무슨 일이 있어도 꼭 내 편이 되어주는 남자를 만나고 싶다. 아내를 항상 1순위로 두고 살아가는 남자였으면 좋겠다. 나 말고 챙겨야 할 사람들이 너무 많거나, 가정보다는 바깥에서 일어나는 게 더 중요한 사람과는 함께하고 싶지 않다.

 귀가 안 들리게 됐을 때, 제일 먼저 했던 생각은 '언젠가 내가 결혼해서 아기를 낳게 된다면, 내 아기는 어쩌면 좋지?'라는 걱정이었다. 울음소리로 엄마에게 자신의 의사를 전달하는 신생아를 잘 돌볼 수 있을지까지 걱정했을 정도로 그때는 결혼이 하고 싶었다.

얼마 전부터 친구들을 만나면 하는 대화의 주제 1순위가 결혼이 되었다. 그만큼 주위에 결혼한 친구도 많아졌고, 덩달아 결혼과 아기에 대한 관심도 높아졌다. 비혼주의를 선언하는 사람도 있겠지만, 굳이 그걸 미리 정해놓고 싶지는 않다. 결혼에 대한 마음이 수시로 변한다. 결혼을 꼭 하고 싶다가도, 차라리 혼자 사는 게 나을 것 같기도 하고, 좋은 사람을 만나서 가정을 꾸리고 싶기도 하다. 마음이 이리저리 흔들리지만, 언젠가 신뢰할 수 있는 좋은 사람을 만나게 된다면 결혼하지 않을까 생각한다.

결혼한다면 이 남자와 하고 싶다고 생각했던 남자와 연애를 했고, 끝이 났다. 모든 이별이 그러하듯 어느 정도의 씁쓸함과 원망, 그리움과 미안함이 남겨졌다. 그리고 한 가지 더 알게 된 점이 있다면, 나 혼자서 나를 더 아껴주고 사랑하는 법을 알아가야 한다는 사실이다.

결혼이 행복을 만들어주는 게 아니라는 걸 안다. 그래서 당분간은 나로서 온전히 행복해지는 방법을 익히고 싶다. 좋은 배우자가 되는 것도, 좋은 엄마가 되는 것도 다 내가 건강한 행복을 느낄 줄 알아야 할 것이다. 오롯이 행복하고 내가 나를 더 아끼는 날이 오기를 기다린다.

나 혼자서 나를 더 아껴주고
나를 더 사랑하는 법을 찾아내며 살아간다.

정답이야기

장애인에게 용기를 전하는 사람이 되고 싶어요.

《

 장애인 복지에 관련된 활동을 준비하고 있다거나, 뭘 해봐야겠다고 계획한 것은 없다. 내가 하고 싶은 게 있다면, 장애를 갖고 있어도 그것에 크게 연연하지 않고 열심히 살아가는 모습을 사람들에게 보여주는 것이다. 대단한 무언가를 하고 있지 않아도 하루를 온전히 보내며, 최선을 다해 사는 보통 사람들 중에 한 명으로서 살아가는 걸 말하고 싶을 뿐이다.

 장애를 갖고 살아간다는 게 아무렇지 않은 일은 절대 아니다. 평범한 사람들은 당연한 일상이 장애를 가진 사람에게는 꿈 같은 일이 되기도 한다. 그럼에도 좌절하지 않고 묵묵히 걸어 나아간다. 그런 이들에게 용기를 주는 사람이 되고 싶다. 내가 세상을 바꿀 힘은 없어도, 막막하고 우울해진 누군가에게 희망을 줄 수 있을 것이다.

영광스럽게도 대한 장애인 체육회 WeThe15 글로벌 캠페인 SNS홍보대사로 활동한 적이 있었다. 전 세계 인구의 15%가 장애인이라는 뜻을 가진 글로벌 캠페인이다. 장애가 있다고 하더라도 성실히 자신의 삶을 살아가고 있다. 장애인이라고 해서 불가능한 것은 없다. 불편함이 있음에도 불구하고 해낼 수 있기에, 장애인들의 도전이 무시당하지 않았으면 좋겠다.

내가 큰 힘은 되지 못하지만, 청각 장애인 그리고 다른 장애인 분들께 용기가 되어드리고 싶다. 몸이 불편하지만 각자의 자리에서 최선을 다해 살아가는 것만으로도 참 대단하다고 꼭 안아드리고 싶다.

앞으로 하고 싶은 일 그리고 목표

(

조금은 부끄럽지만, 아직 하고 싶은 일을 찾지 못했다. 진짜 내가 하고 싶은 일이 무엇인지 찾아가는 중이다. 다니던 회사를 그만두고 블로그 마켓을 운영해보기도 했고, 마카롱을 배워보기도 했고, 꽃꽂이도 배웠다. 유튜브 채널도 운영하고 있다. 그리고 이렇게 글을 쓰고 있다.

아직 정확하게 내가 꼭 하고 싶은 일 한 가지만 뚜렷하게 정하는 게 어렵다. 좋아하는 것을 해라, 잘하는 것을 해라, 하고 싶은 것을 해라 같은 말들은 많이 들어봤지만 그것을 내 삶에 적용하는 것은 너무 어려운 일이다.

좋아하는 것은 많고, 남들보다 비교될 정도로 뚜렷하게 잘하는 게 무엇인지 잘 모르겠고, 하고 싶은 걸 하나만 정하기도 쉽지 않다.

아마 조금 더 부지런히 유튜브 영상을 제작할 것 같고, 쇼핑몰을 해보고 싶어서 더 공부할 것이고, 가끔 이렇게 글을 쓸 것 같다. 거창한 목표는 없다. 지금보다 더 건강하고 자주 웃는 사람이 되었으면 좋겠다는 막연한 바람뿐이다.

앞으로 무얼 할 건지 너무 서둘러서 결정하지 않기로 했다. 지금의 나는 여러 가지를 경험해보는 시기라고 생각한다. 직접 내가 해보다 보면 내가 진짜로 하고 싶은 게 무엇인지 또렷하게 알 수 있는 날이 오지 않을까 희망해본다.

'패션'에 대한 특별한 생각이 있나요?

☾

나는 옷을 참 좋아한다. 옷을 구경하는 것도, 옷을 입어 보는 것도, 남을 입혀주는 것도 모두 좋다. 옷이 갖고 있는 무궁무진한 다양성이 특히나 더 재미있다.

옷 입는 스타일은 그 사람의 개성을 보여준다고 생각한다. 즐겨 입는 옷 스타일을 보면 입은 사람의 성격이나 특징을 파악할 수 있다. 외향적인 사람, 내향적인 사람, 섬세한 사람, 쿨한 사람처럼 대략적인 사람의 모습을 보여주는 게 옷이다.

옷은 작은 차이에도 드러나는 변화가 크다. 맨투맨이라 하더라도 박음질 처리 부분이 빈티지하게 됐는지 혹은 심플하고 정갈하게 되어있는지에 따라서 그 느낌이 천차만별이다. 옷을 고른다는 것은 조금 더 세세하게 살펴보는 과정이다.

사람마다 성격이 다르듯, 각자가 원하는 스타일이 모두 다르다. 와이드 팬츠라는 종류에서 누군가는 여성성을 강조하기 위해 골반라인을 살려주는 바지를 찾을 테고, 또 누군가는 심플하게 툭 떨어지는 라인을 찾을 것이다. 모든 취향은 다 존중받아야 한다. 성격이 급한 사람, 느긋한 사람처럼 자기만이 갖고 있는 스타일을 가리지 않게끔 옷을 고르는 게 중요하다.

나는 편안한 스타일을 즐겨 입는다. 편하게 앉을 수 있고, 잘 걸을 수 있는 바지를 자주 입는다. 꼭 이뤄야겠다고 생각한 것은 아니지만, 언젠가는 내가 입고 싶은 옷을 내가 직접 만들어서 꼭 다른 사람에게도 소개하고 싶다. 내가 좋아하는 스타일의 옷을 좋아하는 사람들이라면 나와 비슷한 성격의 사람들이지 않을까 싶다.

각자 옷에 담겨있는 세밀한 부분이 표현하는 이야기를 파악하는 게 자신만의 스타일을 정립하는 데 도움이 될 것 같다. 미리 그 옷은 나에게 어울리지 않을 거라 두려워하지 말고, 일단 입어보는 것이다. 어쩌면 새로운 옷을 입는 것도 도전이니까.

"도전이라는 게 꼭 그렇게 거창한 것만은 아닌 것 같아요."
"새로운 옷을 입은 오늘도 또 하나의 새로운 도전이었어요."

반려견과 아주 잠시라도
대화할 수 있는 기회가 주어진다면

☾

 이상한 말로 들릴지 모르겠지만, 나는 평소에도 강아지들과 대화를 많이 한다. 물론 나 혼자 말하는 게 대부분이지만, 내가 말할 때면 꽁순이와 바니가 귀를 쫑긋거리며 열심히 듣는다. 눈치껏 알아듣는 것인지 모르지만, 내 상황을 언제나 다 인지하고 있는 것 같다. 힘들 때나 속상할 때면 쏜살같이 달려오고, 좋은 일이 생기면 자기들도 기쁘다는 듯 곁에서 웃고 있다.

 이렇게 나만 말하고 강아지들은 몸으로 표현하는 대화 말고, 진짜로 대화를 주고받을 수 있다면 물어보고 싶은 질문은 한 가지이다.

"잘 잤어? 오늘은 무슨 꿈 꿨어?"

거의 온종일 얼굴을 마주 보고 붙어있는 우리가 유일하게 각자의 시간을 보내는 게 잠자는 순간이다. 내가 없는 꿈에서 꽁순이와 바니는 어떤 걸 했을까 늘 궁금하다. 나 없이 보내는 강아지들의 시간은 행복했으면 싶고, 예쁜 것만 봤으면 싶어서, 대답을 들을 수 없다는 걸 알아도 매일 아침마다 물어봤던 질문이다.

사랑한다는 말도, 건강하자는 말도 수도 없이 아이들에게 했던 말이다. 대답을 듣지 않아도 되는 말이라서 강아지들의 맑은 눈을 보면서 항상 혼자 말하곤 했었다. 앞으로도 꽁순이와 바니가 대답해주지 않아도 괜찮다. 내가 더 많이 사랑해줄 테니까.

대답을 듣지 않아도 되는 말.
사랑한다는 말, 건강하자는 말.
수도 없이 아이들에게 했던 말.

"사랑해."

"우리 건강하자."

정답이이야기

40대의 정담이에게

((

 40대의 담이야. 그때의 너는 건강하니? 오른쪽 눈은 어떻게 됐어? 다시 돌아와서 남들처럼 양쪽 눈으로 예쁜 세상을 마음껏 보고 있니? 나는 너에게 궁금한 게 너무 많아. 나는 앞으로 어떻게 살게 될지 잘 모르겠거든. 요즘은 의욕도 떨어지고, 컨디션도 예전 같지 않아. 몸이 지치니까 저절로 마음도 예민해지는 것 같아.

 사랑하는 사람과 결혼했니? 어릴 적 바랐던 모습처럼 행복한 가정이 생겼니? 나는 나를 닮은 딸을 낳고 싶어. 딸에게 하트 모양, 별 모양으로 잘린 야채를 넣은 카레를

해주고 싶다는 상상을 많이 했거든. 이건 별이야, 이건 하트야. 이러면서 밥 한 그릇을 다 먹을 때까지 먹여주고 싶다는 생각을 가끔 하곤 해.

40대의 담이야. 너는 어때? 행복해? 지금의 나는 내가 꼭 행복하지 않아도 괜찮거든. 불행하지만 않으면 괜찮아. 그런데, 미래의 나는 행복했으면 하는 욕심이 나. 더 이상 아프지 말고, 웃을 일이 많아진 40대였으면 좋겠어.

용감하게 40대가 되는 날까지 잘 살아가 볼게. 그러니 너도 그곳에서 나를 지켜봐 줘. 잘 살아낼 나를.

지금의 나는 내가 꼭 행복하지 않아도 괜찮거든.
불행하지만 않으면 괜찮아.

그런데,
미래의 나는 꼭 행복했으면 하는 욕심이 나.

〈효리네 민박〉 출연 후
모든 방송 섭외를 다 거절한 특별한 이유

《

그 당시 나에게 들어왔던 방송들이 요구했던 조건들이 몇 가지 있었다. 그 중에서 내가 방송 출연을 거절하게 된 이유는 두 가지였다. 우선은 가족 공개를 원했고, 장애인이라는 이미지만을 앞세워주길 바랐다. 나는 두 가지 모두 하고 싶지 않았다. 가장 소중하고 사랑하는 사람들인 가족이 나로 인해 방송에 나오게 된 후 겪게 될 수많은 상황이 걱정되었다. 뜻하지 않은 나쁜 말들도 들을 것이고, 그걸 지켜보게 될 나도 너무 힘들 게 뻔했다.

그리고 나는 청각 장애가 생겼다고 해서 못할 게 전화 통화 말고는 아무것도 없는 사람이 되었다. 전화 대신에

영상통화를 하면 언제나 소통이 가능한 세상에 살고 있는 덕분에, 나는 많은 것을 즐겁게 해내며 살아가고 있었다. 장애가 준 불편함에만 포커스를 맞추기에는 내 삶이 감사했고 꽤 괜찮다고 느끼며 살아가고 있었다. 귀가 안들리게 된 슬픔과 좌절했던 기억은 내 마음 속 아주 깊은 곳에 넣어뒀었다. 지금처럼 감정이 차분해져서 진솔한 내 생각을 말할 수 있을 때까지 기다리고 싶었다. 장애가 부끄러운 게 아니지만, 장애를 가지고 굳이 방송 프로그램의 화제성을 위해 소비되는 게 싫었다.

가끔 친구들이 그때 방송에 나가지 않은 걸 후회하지 않냐고 장난스레 물어본다. 솔직하게 지금도 후회되지 않는다. 지켜야 할 사람들을 지켜내고, 나다운 모습을 지켜내는 게 중요하다는 걸 안다. 그럴 일은 없겠지만 정말 아주 만약에라도 내가 어떤 프로그램에서 섭외 전화가 온다면, 나는 같은 걸 고민해 볼 것이다. 안쓰러운 청각 장애인 정담이가 아니라, 무엇이든 할 수 있는 청각 장애인 정담이로 출연하고 싶다.

평생
　잊지 못할 친구

《

　두 번째 머리 수술을 하고, 청력이 소실되었을 때. 갑자기 바뀌어버린 일상에 모든 걸 포기하고 싶었다. 집에만 있으려고 했고, 혼자서 우울해하기 일쑤였다. 그런 나를 바깥으로 불러준 친구가 있었다. 그 친구는 창문을 설치하거나 교체하는 일을 하고 있었다. 업무 특성상 외근이 대부분이었는데, 일을 도와달라며 뜬금없이 나를 데리고 갔다. 내가 힘이 센 편도 아니고 그다지 큰 도움이 될 수 없었는데도 굳이 나를 부른 이유는 혼자서 우울해하지 말라는 그 친구의 뜻이었을 것이다.

　그 친구 덕분에 혼자 방안에서 슬퍼하지 않고 세상 밖으로 나올 수 있었다. 내가 도움이 될지는 몰라도 열심히 일하고, 밥 먹고, 어떨 때는 서로 뺏어 먹기도 하면서 지냈다. 아마 그때, 어쩌면 내가 다시 예전처럼 일상을 살아갈 수 있겠구나 생각이 들었던 것 같다. 귀가 안 들려도 일할 수 있고, 친구와 장난칠 수 있고, 뭐든 할 수 있다는 게 새삼 용기가 났다. 몇 개월간 같이 일하면서 참 즐거웠었다.

지금 생각해도 너무 고마운 친구이다. 그때 자기도 힘들었을 텐데 왜 나를 위해서 그렇게까지 잘 해줬냐고 물어보고 싶지만, 이제 그 답변을 들을 수가 없다. 답변을 듣지 못한 나는 그 친구의 장례식장에서 하염없이 울어야 했다. 내가 살면서 가장 많이 울었던 날이 그 친구의 발인식 날이었다. 내가 너무 많이 울어서 친구의 아버지가 나에게 혹시 여자친구였냐고 물을 정도였다. 아니라고 손사래를 치면서도 계속 나오는 눈물을 주체할 수 없었.

그 애가 죽기 전에 마지막으로 만났던 날이었다. 그때는 그 만남이 마지막이 될 줄 몰랐었다. 헤어질 때는 언제나 그랬듯이 친구들과 함께 "다음에 보자."라는 말로 인사를 나눴었다. 다음이 없을 줄은 몰랐다. 친구의 죽음은 가족도 친구들도 며칠이 지나서야 알았다. 지방에서 혼자 살고 있던 탓에 그 친구가 죽었다는 사실을 모두가 늦게서야 알았다. 뒤늦게 수습하고서 장례를 치른 것이었다.

친구가 죽었던 날짜로 추정하는 날이 그가 나에게 마지막 연락을 했던 날짜였다. 내용은 이랬다. 같이 노래방 가고 싶은데 귀는 언제쯤 괜찮아지는지. 자신의 그릇은 작은데 욕심을 부렸다. 너무 높게 쌓으려고 하다 보니 그릇이 깨져버렸다. 이런 말들이었다. 그때 나는 별 생각하지 않고 무슨 헛소리냐, 얼른 자라고 답장했었다. 뜬금없이 저런 말을 하는 친구에게 무슨 일 있냐고 물어봤어야 했다는 후회와 죄책감이 든다. 당연히 다음에 또 만날거라는 내 생각은 착각이었다. 그 친구도 자기 자리를 잡아가고, 나도 내가 할 일을 하면서 살다가 만나서 사는 이야기를 나눠야겠다는 생각뿐이었다. 단 한 번도 예상하지 못한 죽음이었기에, 그 친구의 죽음을 받아들이는 것도, 죽음을 애도하는 것도 온통 아픔이었다.

사실 이 친구에 대해서는 일부러 생각하지도 않으려 노력하고, 어디에 말하지 않으려 애써왔다. 그러다 지금은 생각이 바뀌었다. 아마 그 친구는 내가 그를 생각하고 말하면 '담이가 아직도 날 잊지 않고 생각하는구나.'하고 좋아할 것이다. 나는 제법 잘 살아가고 있다. 친구가 지금까지 살아있었더라면 아마 내가 글을 쓴다는 걸 보고 신기해하면서도 많이 기특해했을 것이다.

나를 세상 밖으로 끌어내 준 친구에게 뒤늦은 고마움을 전한다. 나는 잘 지내고 있으니, 너도 어딘가에서 잘 지내라고. 나는 가끔 슬프고 자주 웃으려고 노력하고 있으니, 너도 거기서는 가끔 슬퍼하고 자주 웃으라고.
그러니까, 참 많이 고마웠다고. 평생 잊지 못할 친구라고.

"고맙고 고마웠어. 내 친구 동준아."
"너도 거기서는 가끔 슬퍼하고 자주 웃었으면 해."

위로에 대해서

(

 누군가의 힘든 상황이라는 것은 꽤 비밀스러울 수 있고, 남에게 보이고 싶지 않은 약점일 수도 있다. 그걸 나에게 털어놨다는 것 자체가 고마움이다.

 사실 내가 제일 못하는 게 위로이다. 내 말이 도움이 될까 싶어서 언제나 조심스러운 마음으로 위로한다. 일단 나는 감정이입을 굉장히 많이 하는 편이다. 꼭 내 상황인 것처럼 상상한다. 자신의 진솔한 모습을 보여준 친구에게 나도 최선을 다해서 함께 고민해주고, 내 생각을 말해준다.

위로가 가장 어려워서 이번에 책을 쓰면서도 나는 누군가를 위로할 줄 모른다고 걱정했었다. 그리고 막상 글을 써보면서 위로가 무엇인지 조금은 알 것 같다. 상대의 마음을 잘 공감해주고, 섣불리 조언하지 않고, 같이 고민하고, 힘듦을 조금이라도 나누어 가지려고 하면 충분한 것 같다.

살면서 힘들다고 누군가에게 말했다는 것은 혼자서 버티기 힘들다는 뜻일지 모른다. 앞으로도 나는 누군가 자신의 힘듦을 털어놓는다면 두 팔 벌려 위로할 것이다. 부디 그 사람의 마음이 평온해지길 바라면서.

후천적 장애로
힘들어하고 있는 이에게

☾

 괜찮지 않을 것이다. 갑자기 찾아온 장애라는 건 꼭 벽처럼 느껴질지도 모르겠다. 장애가 생겼다는 건 수긍과 적응, 인정과 긍정이 필요하다. 사실 나도 귀가 안 들린 지 꽤 많은 시간이 흘렀는데도. 아직 괜찮지 않을 때가 많다. 어쩌면 이건 평생을 갖고 가야 하는 숙제인 것 같다.

 장애라는 벽을 깨부숴야 한다고 생각하거나, 그 벽을 타고 올라가 넘어버려야겠다고 생각하지 않았으면 좋겠다. 마음이 조금 평온해지면 찾을 수 있을 것이다. 벽을 따라 천천히 걷다 보면 우리를 세상 밖으로 나가게 해줄 문을 발견할 것이다. 그때 용기를 내고 활짝 문을 열어야 한다. 무엇이든 해보고, 안되면 다시 해보고, 못하겠으면 포기하기도 하면서 살아가면 된다. 너무 남의 시선을 의식하지도 말고, 필요 없는 걱정을 하지도 말고, 절대 장애를 부끄러워하지도 말고, 인생을 즐겁게 살기를 응원한다.

당신은 소중한 사람이다.

절대 장애를 부끄러워하지도 말고,
필요 없는 걱정을 하지도 말고,
너무 남의 시선을 의식하지도 말고,
무엇이든 해보고, 안되면 다시 해보고,
못하겠으면 포기하기도 하면서 살아가면 된다.

"그렇게 인생을 즐겁게 살 수 있기를 진심으로 응원합니다."

스물네 살에 후천적 청각 장애가 생겼다.
들리지 않아서,
남들보다 더 많은 것을 상상하고 더 깊이 들을 수 있다.

정달이 이야기

불가능과 가능 사이에서 끝없이 도전하고 고민하며 살아간다.
지금을 살아가고 있음에 감사하며,
세상을 볼 수 있음에 감사하며 살아가는 중이다.

정담이이야기

김유은 이야기
제 2부

그럼에도 불구하고 삶은 살아볼 만하니까

요즘 가장 큰 고민은 무엇인가요?

(

작가로 막 데뷔를 앞두고 있을 때, 막연히 베스트셀러 작가가 되고 싶었다. 대형 서점마다 있는 베스트셀러 코너에 내 책이 올라가 있으면 더 바랄 게 없을 것 같았다. 그리고 그 꿈은 현실이 되었다. 〈모든 사람에게 좋은 사람일 필요는 없어〉라는 책이 정말 많은 사랑을 받게 된 것이다. 베스트셀러가 되었고, 자연스럽게 스테디셀러가 되었다. 나는 그 상황이 벅차오를 만큼 감사하면서도, 한편으로는 무서웠다. 이것보다 더 사랑받는 글을 쓸 수 있을까. 다음 책이 나온다고 해도 결국 독자들에게 외면받는 건 아닐까. 숱한 걱정이 내 곁을 온종일 맴돌았다. 나아가지 못하게 만들었던 두려움의 막을 거둬내야 했었다.

 새로운 목표가 필요했다. 베스트셀러 같은 결과론적인 목표가 아닌 조금 더 삶의 방향을 구체화 시켜줄 수 있는 목표여야 했다. 그때의 내가 정했던 새로운 목표는 꾸준히 글을 쓰는 사람이 되는 것이었다. 작은 무서움 때문에 사랑하는 일을 부담과 걱정으로 느끼며 살고 싶지 않았다. 꾸준히 글을 썼다. 아무것도 쓰고 싶지 않은 날에도 글을 쓰고, 너무 쓰고 싶은 게 많은 날에도 글을 썼다. 내가 한 권의 책을 쓸 때 초고에 들어가는 글자 수는 300,000자이다. 〈모든 사람에게 좋은 사람일 필요는 없어〉를 출간하고 나서 다섯 권의 책을 더 출간했었다. 3년이 조금 안 되는 기간에 1,500,000자의 글자들을 써 내려간 것이다. 수많은 글자를 쓰면서 나는 제법 성숙한 작가의 마음을 갖게 되었다.

 모든 책이 다 잘 된 것은 아니었다. 베스트셀러가 되어서 많은 독자들에게 사랑받았던 책들도 많지만, 작가들에게 가장 큰 아픔이라는 절판을 앞두고 있는 책도 있다. 아마 예전의 나였더라면 며칠을 울었을 일이다. 내 자식과도 마찬가지인 내 책이 세상에 더는 존재하지 않게 된다는 사실에 절망했을지도 모른다. 지금은 절판 예정이라는 소식을 접하게 됐을 때도 담담했다. 다른 책들처럼 큰 사랑을 받지는 못했어도, 나는 그 책에 담겨있는 글들을 좋아한다. 아끼는 글들이 많았던 책이라고 말할 수 있을 만큼 고심해서 썼던 원고였기에 후회하지 않는다.

 좋은 작가는 어떤 사람일까 늘 생각한다. 사실 좋은 작가에 대한 생각은 수시로 변화해왔다. 스무 살 무렵에는 많은 사람에게 사랑받는 글을 쓰는 작가라고 생각했다. 20대 후반에는 쉬지 않고 글을 쓰는 사람이라고 생각했다. 30대 초입에는 진정성 있는 글을 쓰는 게 좋은 작가인 것 같다고 말했다. 지금의 나는 좋은 작가에 대한 정의를 찾는 것을 미뤄두기로 했다. 좋은 작가가 되기 위한 과정을 걸어가고 있다고 믿는다. 검은색 머리카락이 회색의 머리카락이 되어있을 때까지 글을 쓰다 보면, 이 답을 알 수 있을 거라고 믿는다.

내 글들이 사랑받을 수 있었던 것은 나의 삶이 순탄하지만은 않았기에 가능했던 것일지도 모르겠다. 인간관계에서 마음에 멍이 든 사람들, 취업이나 이직으로 고민하는 청춘들, 사랑과 결혼 때문에 힘들어하는 사람들에게 작게나마 위로와 응원을 전할 수 있는 것은 내가 겪어봤기에 위로할 수 있었다. 감히 겪어보지도 않고 아무런 대책 없이 다 괜찮다는 무책임한 말을 쓰지 않았다. 나는 사람이 싫어질 만큼 인간관계에서 힘들어했었고, 남들은 쉽게 이루는 것들을 돌고 돌아야 겨우 도착할 수 있었고, 또래보다는 조금 이른 나이에 결혼한 덕분에 기혼자의 삶을 알 수 있었다. 성공과 실패, 도전과 성취, 모든 삶의 흔적들이 담긴 나로부터 태어난 글이 되었다.

요즘의 고민은 앞으로 어떤 이야기를 해야 하는지에 대한 문제이다. 내 직업에 대해서 책임감 있는 사람이고 싶다. 아무 이야기나 말하고 싶지 않고, 무책임한 위로로 점철하고 싶지 않다. 세상의 좋은 면만 가져와서, 아름답기만 한 세상을 행복하게 살아가라고 말하기에는 삶의 처절함과 고됨을 모른 척하지 못할 것 같다. 반대로 힘들고 어려웠던 경험들만 말하기에는 삶이 아름답게 느껴졌던 순간들이 내 머릿속을 맴돌지도 모르겠다.

글에는 작가의 가치관이나 삶의 흔적들이 고스란히 담겨있어서, 마치 생명체처럼 쉴 새 없이 변한다. 작가가 살아온 시간의 흔적을 담아내고, 변화한 생각의 조각들을 녹여내고, 여기저기 생겨난 생채기와 흉터들을 보여주는 게 글이다. 점차 나이 들어가면서 달라질 내 글들의 표정과 무게가 궁금하다. 글을 쓰면서 살아왔고 앞으로도 글을 쓰는 사람으로 살아갈 테니, 새로운 고민을 오래도록 품고 지내야 할 것 같다.

어떤 카페에 있을 때, 마당에서 버팀목의 지탱을 받고 힘겹게 서 있는 나무를 본 적이 있다. 태풍 때문에 쓰러진 것인지, 애초에 뿌리가 땅속 깊게 자라지 못한 건인지는 알 수 없었다. 시간이 꽤 지나고 그곳을 다시 갔을 때, 그 나무는 울창하게 자라있었다. 굳이 버팀목이 필요 없을 정도로 건강한 나무의 모습이다. 아마 작가로서의 내 역할도 버팀목의 역할이 아닐까 생각한다. 크고 울창한 나무가 될 사람들이 인생의 성장통에 무너지지 않게끔 단단히 지지해주는 사람이고 싶다. 좌절감은 잠깐의 시련일 뿐이고, 배신감은 결국 당신을 더 단단하게 만들어줄 것이라고 말해주는 게 내가 해야 하는 일인 것 같다. 자신이 얼마나 큰 나무가 될지 모른 채 포기해버리려는 이에게, 사실 당신은 아주 넓은 그늘을 만들어줄 나무라고 알려줘야 그 사람은 조금 더 확신을 갖고서 성장할 것이다. 내가 더 의연하고 담대해지고 싶은 이유는 더 크고 단단한 버팀목이 되고 싶은 마음이기도 하다.

감히 바라본다. 나는 무엇보다도 튼튼한 버팀목이 되어갈 테니, 당신은 무엇보다도 울창한 나무가 되어주기를.

'글'이란
작가가 살아온 시간의 흔적을 담아내고,
변화한 생각의 조각들을 녹여내고,
여기저기 생겨난 생채기와 흉터들을 보여주는 것이다.

나만 뒤처진 것 같은 기분이 든다면

((

 무료 고민 상담 프로젝트를 했을 때, '나만 뒤처진 것 같아요' 이 문장이 들어간 고민이 가장 많이 들어왔었다. 살아가는 데에는 각자의 속도가 있다는 걸 알면서도, 내 속도는 왜 이리도 늦은 것인지 하소연하고 싶어지는 때가 있다. 주변 친구들은 대부분 취업했는데 나는 아직 취준생이라던가, 친구들은 다 결혼해서 애까지 낳았는데 내 연애 사업은 전혀 풀리지 않는 상황에 괜한 조바심을 갖게 된다.

취업을 빨리했다고 해서, 결혼을 먼저 했다고 해서, 아이를 먼저 낳았다고 해서 그게 앞서가는 걸까. 지금 당장은 불안함이 더 크겠지만 지나고 보면 신기할 만큼 사회에서 각자 자신의 몫을 살뜰하게 해내며 살아가고 있을 당신이다. 원하는 직업을 갖게 될 것이고, 결혼할 마음이 있다면 좋은 사람과 평생을 약속할 테고, 안정적이고 행복한 가정을 꾸리며 살게 될 것이다. 취업, 결혼, 출산. 이 세 가지로 삶의 속도를 논할 필요는 없다. 먼저 한다고 해서 앞선 게 아니고 늦게 한다고 해서 뒤처진 게 아니라는 건 분명한 사실이다.

취업을 준비하고 있다면, 자신에게 꼭 맞는 좋은 직장을 찾을 가능성이 크다는 뜻이다. 미혼이라면 삶을 함께 살아갈 동반자에 대해서 고민해볼 수 있는 시간이 여유롭다는 말이기도 하다. 아직 정해진 게 없다는 뜻은 자신이 택할 수 있는 선택지의 폭이 넓다는 의미인 것이다. 앞으로 어떤 선택을 할 것인지에 대해서만 고민하면 된다. 남들의 삶과 본인의 삶을 비교하며 서두르거나 조급해할 필요는 없다.

타인과 비교하게 되면 쓸데없는 생각들이 꿈틀거리게 된다. 비교 대상을 특정한 누군가로 선정한 순간부터 내 삶에 온전한 가치를 부여하기 어려워진다. 언제나 주변인들 중에는 뭐든 수월하게 해내는 것 같은 사람이 있기 마련이다. 나는 아직 산 중턱에서 헤매고 있는데, 이미 꼭대기에 자신의 깃발을 꽂고서 다음 산을 향해 가는 이가 있다. 그럴 때는 자신의 속도를 책망해서는 안 된다. 한 명은 과정에 있고, 다른 한 명은 결과에 서 있을 뿐이다. 과정이 끝나면 자연스레 결과에 닿게 될 것이다.

주변 사람의 소식을 대수롭지 않게 여기고 넘어가는 의연함이 필요하다. 좋은 일은 축하해주고, 부러운 일은 가벼운 부러움으로만 치부하고 넘어가면 된다. 저 사람이 저 일을 해낼 동안 나는 뭐 했을까. 왜 나는 되는 일이 없을까. 이런 생각들을 떠올리면서 자신을 작게 만들면 기분만 무거워질 뿐이다. 그 사람은 그 사람의 인생이고, 나의 인생은 나의 것이라는 단순한 사실이 때론 삶의 정답이 되어줄 때도 있다.

각자의 '때'가 있다. 모든 것들이 자기에게 운명처럼 찾아오는 시기가 존재한다는 걸 잊지 않았으면 좋겠다. 흔히 삶의 순서라고 생각하는 것들이 꼭 정답은 아니다. 누군가에게는 어떤 나이가 취업할 나이라고 하겠지만, 자신에게는 공부할 나이일 수도 있다. 남들은 결혼을 해야 한다고 말하는 때라고 할 수 있지만, 정작 본인에게는 커리어 적인 성과에 몰두해야 하는 때일 수도 있다. 인생의 중요한 순간은 온전한 자신의 선택들로만 만들어진다는 걸 잊어서는 안 된다.

 내 주변에 있는 친구들은 모두 속도가 달랐다. 대학을 조기 졸업하고 서른이 되기 전에 박사학위를 취득하더니, 교수임용이 된 친구가 있다. 다른 한 명은 나이가 서른이 훌쩍 넘어서야 대학교 졸업장을 딴 친구도 있고, 고등학교를 졸업하자마자 일찍부터 취업전선에 뛰어들어 미용실 수석 디자이너가 된 친구도 있다. 각자의 속도로 자신의 길을 갔다. 박사가 된 친구는 미국에 있는 기업에 연구원으로 스카우트됐다. 늦게 대학 졸업장을 딴 친구는 신기하게도 졸업과 동시에 대한민국에서 알아주는 기업에 취업했다. 미용실 수석 디자이너인 친구는 퇴사하고 대학 입학을 준비할 예정이다. 저마다 자신의 삶이기에 그 방향과 속도 또한 다른 것은 당연한 일이었다. 그들의 삶에 나를 견주지 않았다. 친구가 빨리 달려간다고 해서 내 속도를 채근할 필요는 없었다. 혹은 내가 보기에 친구의 걸음이 답답해 보여도, 본인의 생각이 있을 테니 간섭할 자격도 없었다. 때가 되니까 다 알아서 자기 삶을 잘 살아가고 있다.

뒤처졌다는 표현은 상대적이다. 조금 빠르다고 해서 인생의 모든 길에서 1등으로 달릴 수 없다. 지금 남들보다 살짝 느리다고 해서 영원히 그 자리에 머무는 것은 아니다. 어떤 날에는 1차선 도로로 시원하게 추월에 성공할지도 모른다. 조금 늦은 것 가지고 인생에서 낙오된 것처럼 우울해하지 않았으면 좋겠다. 지금에 안주하지 말고, 자신에게 맞는 보폭으로 나아가다 보면 당신이 뒤처지지 않았다는 사실을 머지않아 알 수 있다.

주변은 풍경을 보는 것만으로 충분하다. 근처에서 앞서 거니 뒤서거니 하는 사람들까지 굳이 눈여겨보지 않아도 된다. 걸어야 하는 도로의 모양은 끊임없이 변화한다. 유난히 본인에게 잘 맞는 구간이 있고, 억울할 정도로 속도가 나지 않는 길이 있다. 속도는 시기와 운이 맞아야만 가속도가 붙는 법이다. 원하는 빠르기가 아니라고 해서 본인의 능력을 무시해서는 안 된다.

지난날에 대한 후회는 멈추고 지금 당신이 하는 일을 믿어주어야 한다. 이제 당신에게 있어서 미래는 두렵고 불안한 존재가 아니다. 조금 더 당당하게 자신을 믿고 즐겁게 살아도 된다. 기분 좋은 설렘과 뜻밖의 행운이 가득한 날들일 테니까.

주변은 풍경을 보는 것만으로 충분하다.
근처에서 앞서거니 뒤서거니 하는 사람들까지
굳이 눈여겨보지 않아도 된다.

그 사람은 그 사람의 인생이고,
나의 인생은 나의 것이라는 이 단순한 사실이
때론 삶의 정답이 되어줄 때도 있으니.

삶이 윤택해지는 습관

$($

 화해가 응당 좋은 것이라는 고정관념을 없애기까지 오랜 시간이 걸렸다. 학교 다닐 때 반에서 다툼이 일어나면, 선생님들은 말했다. 친구와 사이좋게 지내야 하니 화해하라고. 시간이 지나 어른이 되고 나서 사람들은 말했다. 져 주는 게 이기는 것이니까, 눈 한 번 감아준다 생각하며 화해하라고. 잘못한 사람의 사과를 받아주지 않으면 도리어 내가 잘못한 사람이 된 것 같은 이상한 분위기로 몰고 가기도 했다. 원하지 않았던 용서 몇 번, 단체

생활 안에서 피곤해지기 싫어서 대충 넘어갔던 화해 몇 번은 나에게 마음의 몸살을 앓게 만들었다.

 진심 어린 사과만을 받아봤다면 아마 나도 이렇게까지 사람들과의 관계에서 싫증을 느끼지는 않았을 것이다. 진심보다는 변명, 변명보다는 남 탓에 가까웠단 말에 사과라는 단어를 감히 붙일 자격도 없었다. 그런 말 몇 마디로는 며칠 내내 마음고생 했던 나에게는 어떤 위로도 될 수 없었다. 신기하게도 가짜로 하는 사과의 말에는 미안함과 반성하는 마음만 빼놓은 모든 감정들이 들어있었다. 귀찮음, 짜증, 화, 우스움 같은 감정들이 느껴졌다. 내 앞에서는 대충 미안하다고 말하고 뒤돌아서서는 반성의 여지가 없는 사람이라는 게 보였다.

 미안해야 할 사람이 오히려 당당한 경우도 있었다. 자기 행동은 합리적이고 논리적인 근거에 의한 것이었고, '어쩔 수 없었다'라는 핑계가 대부분이었다. 달변가들은 본인이 잘못했으면서, 자신이 그런 행동을 할 수밖에 없었던 원인을 남 탓으로 몰고 가기도 했다. 그런 사람을 만날 때면 허무했다. 본인이 미안하다고 말했으니, 나는 사과해주셔서 감사하다는 태도를 취하길 바라는 눈치였다. 아이러니하게도 사과하는 사람이 당당했다. 미안할 사람은 내가 아닌데도, 괜히 내가 미안함을 느껴야 하는 불편한 분위기가 싫었다.

 더는 억지로 화해하기 싫어서 혼자만의 규칙을 만들었다. 사과다운 사과만 받기로 한 것이다. 사과하는 상대가 진짜 자신을 인지하고 있는지. 진심으로 사과하는지. 쓸데없는 말을 덧붙여 핑계 대는 것은 아닌지. 자신의 잘못의 원인을 타인의 것으로 논점을 흘트리지 않는지. 사과의 아주 기본이 되는 사항을 지키는 사람하고만 화해하고 싶었다. 성의 없거나, 핑계에 불과한 사과는 받아주지 않았다. 말 몇 마디로 용서받을 수 없는 문제에 대해서는 사과를 듣기도 전에 끊어냈다. 그러자 삶이 훨씬 윤택해졌다. 억지로 분위기에 떠밀려 했던 화해도 없고, 화해를 하긴 했는데 어딘가 껄끄럽고 나만 당한 것 같은 기분도 들지 않았다. 미움받고 싶지 않아서 애써 삼켜냈던 불쾌한 감정들이 다 사라진 느낌이었다.

실수에는 관대하지만, 잘못에는 냉정한 사람으로 살기로 했다. 실수와 잘못은 엄연히 다른 종류이다. 굳이 모든 것을 용서할 필요는 없었다. 납득이 될 만한 이유가 없이, 다분히 이기적인 잘못을 저지른 사람이면 끊어내는 것 만이 답이었다. 그런 사람에게는 사과를 들을 필요도 없고, 화해를 해줄 필요도 없다. 사람은 변하지 않고, 같은 잘못을 반복하곤 한다. 좋은 의도로 했던 한 번의 이해와 용서가 나중에는 나에게 칼이 되어 돌아올 것임을 안다.

 이왕이면 사이좋게 지내고, 갈등이 있을 때면 서로 이해하고 양보하는 게 이상적인 모습이다. 이 문장에서 핵심은 사이좋게, 이해, 양보 같은 단어들이 아니다. 가장 중요한 것은 '서로'라는 단어이다. 한 명만 이해하고 참아주는 건 결국 일방적인 사과일 뿐이다. 다퉈도 오랜 시간 함께하게 되는 인연이 있고, 작은 다툼에도 금방 깨져버리는 인연이 있다. 둘의 가장 큰 차이는 관계 유지를 위해 같이 노력하느냐, 한쪽만 노력하느냐의 차이이다. 화해도 마찬가지이다. 한 명이 사과를 받아줄 준비가 됐다고 하더라도, 다른 한 명이 사과의 태도가 준비돼있지 않다면 그 관계는 그렇게 금이 가는 것이다.

당신의 삶을 온전하게 지켜나가기 위해서 모든 화해에 다 응할 필요는 없다. 외면해도 되는 사과가 있다. 괜히 소화되지 않을 것들까지 괜찮다는 거짓말로 떠안지 않았으면 좋겠다. 마음 여린 당신이 쓸데없이 미안해하고, 괜찮지 않으면서 괜찮다 대답하지 않기를 바란다. 처음의 거절은 어려워도, 이내 곧 그 거절이 당신을 위한 좋은 선택이었다는 걸 알게 될 것이다. 당신의 삶 안에서 당신이 온전히 선택한 것들로 가득히 채워나가면 된다. 일도, 사람도.

가장 중요한 것은 '서로'라는 단어이다.
다퉈도 오랜 시간 함께하게 되는 인연이 있고,
작은 다툼에도 금방 깨져버리는 인연이 있다.

둘의 가장 큰 차이는 관계 유지를 위해 같이 노력하느냐, 한쪽만 노력하느냐의 차이이다.

스트레스 해소법

(

 유감스럽게도 스트레스를 해소하는 방법을 찾지 못했다. 운동도 해보고 악기도 배워봤지만, 소용없었다. 내가 가진 천성이 무언갈 배우면 잘해야 한다는 압박감이 심한 탓에 오히려 스트레스를 가져왔다. 그 후부터는 굳이 스트레스 해소용으로 뭔가를 하려고 하지 않는다.

 삶을 살아간다는 건 어쩔 수 없이 스트레스라는 걸 떼놓을 수 없는 건 아닐까 싶다. 태어난지 얼마 안 된 신생아는 아무 스트레스가 없어 보이지만, 태어나는 순간부터 스트레스를 받는다고 한다. 종일 먹고, 자고, 싸고, 사랑받는 게 일과인 아이들도 스트레스를 느끼는 것이다. 아마 사람은 태어난 순간부터 마지막 순간까지 살아감에 의한 스트레스는 언제나 존재할 것 같다.

스트레스를 없애는 건 불가능하지만, 스트레스가 있어도 편안한 마음으로 살아가는 것에 관심이 생겼다. 삶의 긴장도를 조금이라도 낮춰줄 수 있는 게 필요했다. 명상이나 호흡법 같은 건 나에게 그다지 효과가 없었다. 대신 생각하는 방식을 바꿨다. 생각해보면 나는 뭐든 진지하게 받아들이고, 최선을 다하려고만 했었다. 누구에게나 진심이었고, 모든 일에 열정이 넘쳤다. 그래서 더 많은 스트레스를 끌어안고 살았던 것 같다. 평생 나와 함께 할 스트레스를 조금이라도 더 현명하게 관리하면서 살아가기 위해서 그것에 대해서 살펴봐야 했다.

스트레스를 느끼는 부분은 크게 두 가지로 나뉘어있었다. 나에 의한 스트레스와 남이 만들어낸 스트레스였다. 나 때문에 생기는 스트레스를 줄여나가는 방법은 단순했다. 내가 어떤 사람인지 정확히 바라보는 것이었다. 무얼 잘하고 못하는지, 일할 때는 어떤 부분을 힘들어하는지 파악해나갔더니 심리적 압박감이 확연히 낮아졌다. 조금 실수해도 괜찮고, 안 되면 또 해보면 된다는 넉넉함이 생겨났다. 굳이 엄격한 잣대로 자신을 다그치고 평가하면서 살아갈 필요성이 없었다. 급하게 생각하거나, 무리한 계획에 나를 몰아넣지 않았다. 여유롭게 내가 할 수 있는 만큼만 해나가면, 그걸로 충분했다.

'나'에 대한 마음의 안정을 찾고 나자, 타인이 만들어낸 소음이 유난히 크게 들렸다. 나는 유난히 언어적인 부분에서 예민한 사람이다. 특히 말을 들을 때 단어 하나, 어미 하나, 조사 하나까지 신경 쓴다. 그 탓에 대충 들어도 될 말을 흘려듣지 못하고 속상해하거나 기분 상하는 경우가 빈번했다. 삶에서 내 사람이라고 칭할 사람은 몇 없다. 가족과 친구 몇 명이 전부다. 내 사람들에게만 좋은 사람이면 충분했다. 타인에게는 바라는 것도 없고, 내가 뭔가를 해줄 필요도 없음을 늘 인지한다. 어차피 나와 평생 볼 사람이 아니라고 생각하면 마음이 가벼워진다. 남은 남일 뿐이라는 사실을 명쾌하게 인지할수록 편해지는 게 느껴졌다. 모든 관계에서 최선을 다하려고 하지 않는 것만으로도, 스트레스가 확연히 줄어들었다.

여전히 말을 들을 때는 민감한 편이지만, 전처럼 그 말을 가슴에 담아두지 않는다. 어차피 몇 번 안 볼 사람이 한 말일 뿐이다. 당연히 내게 아무런 영향력도 없고, 어떤 무게감도 없다. 그건 단지 그 사람의 생각일 뿐이지 진리가 아님을 알고 있다. 무례하고 언짢은 말은 무시하고 외면해도 된다. 남과의 관계에서 굳이 내가 희생하려고 하지 않는다. 무례함을 지적할 것은 지적하고, 사과받을 것은 사과받으면서 내 평안함을 지켜내고 있다.

언젠가부터 나에게 알맞은 적당함이라는 걸 찾게 된 것 같다. 타인의 삶을 대하는 딱 그 정도의 무심함이 나에게는 적당함의 무게이다. 적당히 친절하고, 적당히 다정하고, 적당히 호응하면서 사는 게 좋다. '그럴 수도 있지'라는 생각을 하면서 모든 걸 잘 넘기는 법을 알았다. 어차피 남인데 굳이 내가 신경 쓸 필요가 없었다. 본인이 알아서 할 일이고, 그 일이 만들어낼 파장이 나에게만 미치지 않으면 된 것이다. 파장이 닿지 않게 안전거리보다 조금 더 멀찍이 떨어져서 관망한다.

전에는 사람과 사람은 물과 같은 존재라고 생각했다. 그래서 누구든지 물처럼 금방 섞일 수 있다고 착각했었다. 가족이나 진짜 친구가 아니라면 서로는 서로에게 물이 될 수 없다. 기름과 물 같은 게 타인이다. 나도 타인에게 어떠한 영향을 주지 않고, 그들도 나에게 영향을 끼치지 않는다. 함부로 섞이고 싶지 않은 사람들을 밀어내고 피하느라 받았던 스트레스가 줄었다. 결단코 섞일 수 없는 사람과는 내가 굳이 애쓰지 않아도 저절로 층이 분리되었다.

내 일에만 집중하고 나와 내 사람들에게만 한없이 친절하고 좋은 사람으로만 살면 충분했다. 모든 걸 다 잘해야 하고, 모든 사람에게 좋은 사람이 되려고 하면 삶의 균형은 금세 깨지고 만다. 균형감 있게 살아야 편안한 법이었다. 그러자 쌓이는 스트레스의 양이 현저하게 줄었다. 화병이 심하다는 소견을 내렸던 한의원에서도 이제는 화가 많이 줄어들었다고 그랬다. 달고 살다시피 했던 위경련 약도 거의 먹지 않는다. 신경성으로 인해 생겼던 것들이 대부분 사라졌다. 편안하다는 뜻이 이런 마음 상태라는 걸 느낄 만큼 평온하다.

 스트레스를 아예 받지 않고 살 수는 없다. 스트레스의 양이 너무 무거워지지 않게 언제나 관리해야 하는 것이다. 자기 삶의 스트레스가 만들어지는 원인이 무엇인지 찾아봤으면 좋겠다. 버릴 것은 버리고, 변화할 것은 변화하면서 스트레스를 담는 그릇을 키워나가길 바란다. 같은 양의 스트레스라 하더라도, 내 그릇이 넓어지면 체감되는 스트레스의 양은 줄어들 것이다. 담대한 마음으로 자신을 믿어줄수록 당신의 그릇은 부쩍 성장할 것이다. 긴장감보다는 행복감이 완연한 당신의 매일이면 좋겠다. 복잡하게 생각하지 않아도, 잘 풀릴 문제들일 테니까.

적당히 친절하고, 적당히 다정하고,
적당히 호응하면서 사는 게 좋다.
'그럴 수도 있지'라는 생각과 함께.

예전의 행복을 서서히 잊어간다 해도

⟨

　편지 쓰는 즐거움을 잊어버린 것 같다. 편지를 제일 좋아하는 사람이었다. 본가에는 가족과 친구들에게 받은 편지가 들어있는 커다란 박스가 있을 정도. 편지는 받으면 답장을 하는 것이니까, 나도 그만큼의 편지를 썼다는 뜻이다. 부모님과 주고받았던 편지는 내 어린 시절부터 성인이 되어서까지도 큰 안식처였다. 친구들 생일에 아무리 바빠도 편지는 꼭 써서 선물과 같이 주는 게 나만의 규칙이었다. 그랬던 내가 편지를 받아보기만 하고 내가 먼저 써본 지는 오래되었다.

글 쓰는 게 일이 되면서부터 그랬던 것 같다. 한 권의 책을 위한 원고 작업이 끝나고 나면 며칠은 노트북 앞에 앉는 것도 싫어진다. 책은 하나의 그림 전시회와 비슷하다. 한 편의 그림을 그리기 위해 화가들이 애를 쓰고 자신의 모든 것을 담아내듯이 글을 쓰는 작가들도 한 편의 글에 크나큰 정성을 들인다. 그렇게 완성된 그림들을 모아놓는 것처럼 글들을 하나의 공간에 모아놓은 것이 책이다. 한 권이지만, 하나의 글이 아닌 수십 편의 글을 쓰고, 버리고, 다시 쓰고, 다듬는 과정이 계속해서 반복된 결과물이다. 그러다 보니 원고 작업이 아니면 글을 쓰지 않는다. 일기를 쓰다가도 그 이야기를 책에 넣고 싶어서 원고 작업으로 변한다. 일기로 시작해서 결국은 책에 들어갈지 모르는 예비 원고를 쓰게 된다. 쓰다 보면 순식간에 시간이 지나버려서 원래 가볍게 일기를 쓰려고 했다는 사실을 잊어버리곤 한다.

아직도 나에게 가장 행복한 것은 고요한 곳에서 가만히 글을 쓰는 일이다. 노랫소리나 사람들의 소음도 없고, 쓸데없는 이야기들이 떠다니지 않는 정제된 시간을 글자로 채우곤 한다. 수다스러운 말소리나 시끄러운 음악 소리보다는 사각사각 연필 소리나 키보드의 타닥거림이 좋다. 모든 종류의 글을 다 좋아하는 사람이라 자부하며 살았었는데, 일이 아닌 글은 어느덧 신경 쓰지 못하는 사람이 되었다.

편지 쓸 때의 잔잔한 설렘을 잊고 살고 있다. 안부를 묻는 편지도 쉽게 쓰이지 않는다. 베스트셀러 작가라는데 편지도 좋을 것이라고 기대할 것 같아서 펜을 들어보지만, 첫 문장부터 쉬이 써지지 않는다. 편지를 쓰려고 하면 설렘의 자리에 긴장감이 들어서 있다. 기대를 충족해야 한다는 압박감 때문인지는 모르겠다. 그래도 나는 내가 운이 좋은 사람이라고 생각한다. 좋아하는 글을 매일 쓸 수 있는 사람이 되었고, 그게 내 직업이 되었다는 건 행운이다. 행운의 대가로 원래 좋아하던 편지가 내 삶에서 자리가 좁아진 것이라고 생각하기로 했다.

글만 쓰는 작가로 사는 삶이 쉽지 않다는 걸 누구보다 잘 알고 있다. 이십 대에 같은 꿈을 꿨던 사람들이 자신의 본업을 바꾸는 걸 지켜보고 있다. 작가가 받는 인세만으로 생계를 유지할 수 없어서 다시 회사로 돌아간 사람도 있고, 가게를 연 사람도 있고, 새롭게 취업한 사람도 있다. 그런 이들을 만날 때면 마음이 씁쓸해질 때가 많다. 꿈을 향한 동료였던 그들이 하나 둘 꿈을 접어가는 모습을 지켜보는 건 마음 아픈 일이다. 그들은 나에게 대단하다고 말하지만, 나는 단지 운이 좋은 사람이다.

평소와 다르게, 얼마 전에는 글쓰기 클래스 수강생분들께 손 편지를 써서 보냈다. 정말 오랜만에 써본 편지였다. 이유는 모르겠지만, 어떤 부담감도 없이 편안하게 편지들을 써 내려갔다. 예전에 편지를 썼을 때처럼 즐거운 마음으로 문장들이 써졌다. 아마 그것은 작가로서 만나게 된 사람들에 대한 고마움이 부담감을 이겨낸 게 아닐까 싶었다.

앞으로 나는 한동안 편지지를 꺼내지 않을 것 같다. 원고를 쓸 것이고, 틈틈이 차기작을 준비할 것이다. 바쁜 만큼 실컷 글을 쓸 수 있어서 행복할 것이다. 예전의 행복을 서서히 잊어간다고 해도, 괜찮을 것 같다. 과거에 좋았던 것은 과거로 묻어놓고, 낭만은 낭만으로만 추억하고 살아도 괜찮다. 지금이 그때와 똑같지 않은 건 어쩌면 당연한 일이다. 예전의 행복을 조금 잃었고, 지금의 행복이 더 커졌다.

살아가다 어느 날에는 다시 내가 편지지를 왕창 꺼내어 오는 날이 있을 것이다. 그때는 지금과 반대로 나에게 가장 가깝고 행복인 글과 멀어져 있을지도 모르겠다. 그것 또한 괜찮다. 무언가 사라지면 또 다른 무언가가 그 자리를 채우는 게 삶의 이치이니까.

과거에 좋았던 것은 과거로 묻어놓고,
낭만은 낭만으로만 추억하고 살아도 괜찮다.

무언가 사라지면 또 다른 무언가가
그 자리를 채우는 게 삶의 이치이니까.

습 관

((

타인의 말을 잘 믿지 않는 습관이 생겼다. 원래의 내 성격과 정반대 습관이 생겨버렸다. 어렸을 때 나는 남의 말을 잘 들어주고, 먼저 믿어주는 사람이었다. 들었던 말이 조금 이상하다고 느껴져도, 의심하는 게 미안해서 일단 믿어줬었다. 그랬던 내가 어떤 사람이 묻지도 않은 자신의 이야기를 먼저 하고 있으면 일단 의심부터 한다. 한쪽 귀로 들어온 이야기가 바로 빠져나갈 수 있도록 반대쪽 귀를 열어둔다. 저 이야기들 중에서 사실은 몇 퍼센트일까 생각한다. 쓸데없는 허풍 가득한 이야기라던가, 사실에서 뭔가를 살짝 과장한 정보들이 대부분이었기 때문이었다. 유감스럽게도 정직하기만 한 사람을 만나지 못해서, 나의 습관은 완전히 고착화되었다.

더군다나 나는 기억력도 좋은 편이다. 대화 내용, 그때의 분위기, 상대의 표정까지 세세하게 기억한다. 특히 내가 조금 더 신경 써서 들으면 구체적인 내용까지 다 기억하곤 한다. 학원에서 근무할 때, 친했던 언니가 있었다. 잘난 척하길 좋아하는 스타일이었는데, 그 모습도 뭔가 귀여워 보여서 원만하게 잘 지냈었다. 내가 워낙 잘 들어주는 편이라서 그녀도 나를 좋아했었다. 그런데 알고 지내는 기간이 늘어나면서 이상한 점이 생겼다. 그녀는 자신이 나에게 무슨 말을 했었는지 기억을 못 하는 모양이었다. 자신의 유학 생활이나, 부모님에 대한 이야기, 유복하게 지낸 어린 시절 이야기가 말할 때마다 달라지는 것이다. 변호사라고 했던 엄마가 의사가 되어있고, 교수라고 했던 아빠가 사업가가 되어있었다. 부모님의 직업이 바뀌는 건 예사였고, 어린 시절과 유학 시절에 관한 이야기는 수시로 달라졌다. 그녀가 말한 것은 어디까지가 진짜이고, 어디부터가 거짓인지 도저히 구별할 수가 없었다. 나중에는 전부가 다 거짓말인 것 같아서 결국은 언니와 멀어짐을 선택했다.

진실되고 좋은 사람들도 많았지만, 진실이 아닌 이야기를 사실인 것처럼 말하는 사람들도 너무 많았다. 결혼하면서 자기 남편이 대출하지 않고도 서울 시내에 전셋집을 얻었다며 자랑하던 친구의 집은 알고 봤더니 전세대출을 이용한 반전세 집이었다. 유명 명문대를 졸업했다고 자신을 내세우던 지인은 사실 이름만 같은 지방 캠퍼스 출신이었다. 어떤 사람은 뜬금없이 자기 여자친구의 학벌을 과시하듯 말했는데, 막상 그 여자는 자신을 전문대 졸업생이라고 소개했다. 각자 자기들의 인생이기에 굳이 내가 상관할 필요는 없다. 다만 물어보지도 않은 일을 왜 먼저 말하고, 심지어 거짓말을 하는 것인지 모르겠다.

유아기에 부모님과 안정적인 애착 관계를 형성해야 한다고 하듯이, 성인이 되고 나서는 좋은 사람들 사이에서 사회화되는 게 중요한 것 같다. 내가 겪은 사회화는 사람을 불신하고 의심하게 만들었다. 자신을 자랑하는 말을 하거나, 과거 회상하는 이야기를 하면 믿지 못한다. 저 말 중에서 어디까지가 진짜이고 어디부터가 거짓인지를 먼저 따져본다. 이 습관을 고치고 싶지만, 경험들이 만들어낸 방어기제를 없애도 되는 것인지 더 고민해보기로 했다. 한 번의 경험은 전부가 될 수 없지만, 수없이 쌓인 경험이라면 이야기는 달라진다. 세상에는 좋은 사람들이 더 많다는 걸 알지만, 아무나 믿지 못하겠다.

나와 비슷한 문제들로 고민 상담을 했던 독자분들이 많았다. 유감스럽게도 이상한 사람들은 곳곳에 존재하는 것 같았다. 그런 상담을 할 때마다 마음이 좋지 않았다. 자기 잘못이 아닌 타인의 잘못으로 인해 왜 속상해야 하는지 알 수 없었다. 비슷한 맥락의 고민을 하는 분께 내가 답변했던 공통된 내용은 판단력에 대한 내용이었다. 사람에 대해 신뢰가 깨졌다는 건, 앞으로 사람들 사이에서 어떤 태도로 살아야 할지 고민해야 하는 시기가 왔다는 뜻이다. 전처럼 모든 것을 믿어줄 필요도 없고, 지금처럼 미리 불신할 필요도 없다. 나로부터 신뢰를 만들어 내야 하는 건 타인의 몫이고, 나의 몫은 신뢰를 줘도 되는지에 대한 판단력이다. 신뢰를 쉽게 주지 않는다는 게 무릇 잘못되기만 한 일은 아니다. 의심이 아닌 냉정한 판단은 삶의 안전성을 상승시키는 법이다.

아마 나는 앞으로도 사람의 말을 곧이곧대로 믿지는 않을 것이다. 거짓이 없는지 의심하는 습관은 나 혼자만 노력한다고 쉽게 고쳐지는 것이 아니다. 솔직한 사람을 만나야 하고, 거짓말보다는 차라리 침묵하는 사람을 만나야 한다. 그런 사람만을 골라서 만날 수는 없으니 최대한 조심하면서 살 예정이다.

사람을 쉽게 믿지 못하는 습관에 대해서 언젠가 또 글을 쓰게 될 것 같다. 역시 믿지 않고 살아서 다행이었다는 글이 될지, 살아보니 사람들은 좋은 사람이 더 많았다는 글이 될지는 다가올 시간에 맡겨본다.

> 사람에 대해 신뢰가 깨졌다는 건,
> 앞으로 사람들 사이에서 어떤 태도로 살아야 할지
> 고민해야 하는 시기가 왔다는 뜻이다.
>
> 의심이 아닌 냉정한 판단은
> 삶의 안전성을 상승시키는 법이다.

삶의 우선순위

)(

 삶의 가장 큰 우선순위는 나다움을 잃지 않는 것이다. 나 자신만큼이나 소중하고 사랑하는 가족이 있다. 그러나 그들보다 나를 언제나 앞에 둬야 한다는 걸 안다. '나'를 잃으면 결국 내가 만들어 놓은 세상은 무너지고 만다. 내가 나로서 똑바로 서서 영위하는 삶을 살아야만 모두가 행복할 수 있다. 나의 가족, 나의 삶, 나의 꿈. 모든 것 앞에 '나'라는 존재가 들어간다. 내가 아닌 다른 존재를 삶의 우선순위로 넣는 순간, 균열이 일어나고야 만다. 나답게 나의 자리에서 단단히 서 있지 않으면, 다 무너지기 마련이다.

나다움을 정확히 정립하지 못했던 때가 있었다. 착하고, 순하고, 성실하고, 이해심 넓은 사람의 틀에 나를 밀어 넣기도 했었다. 틀에서 벗어나 진짜 나의 모습을 찾게 되었다. 내가 어떤 사람인지 구체적으로 알게 되자, 나답게 살아가는 삶의 형태를 구상할 수 있었다.

나는 나에게 좋은 사람이고, 좋은 배우자이고, 좋은 딸이고, 좋은 며느리이고, 좋은 친구다. 어떤 사람들은 '좋은'이라는 형용사가 앞에 붙으면 헌신적이거나 착하기만 한 이미지를 떠올린다. 나에게 '좋은'이라는 형용사가 하는 역할은 다르다. 내 삶을 당당하고 현명하게 잘 살아간다는 뜻이다. 나는 그다지 희생적인 성격도 아니고, 착하게만 행동하는 것에 대해서도 지친 사람이다. 직업의 특성상 항상 바쁘고, 가끔은 잠을 줄여가면서 일할 만큼 일에 몰두할 때가 많다. 바쁜 탓에 무심하고 예민할 때도 있지만, 그래도 나는 내가 좋은 사람이라고 매 순간 느끼며 산다. 나다운 삶의 주축이 되는 소중한 것들을 지켜내기 위해 치열하게 살아가는 것만으로도 기특하다.

타인에 의한 결정이 아니라 모든 행동의 주체가 '나'로 귀결되어야만 진짜 나의 삶이다. 누구를 위해서 혹은 다른 무언가를 위해서 막연히 양보하고 희생하는 삶은 결국 후회만 남게 된다. 우선순위를 어디로 두느냐에 따라서 삶의 모양이 변화한다. 누군가는 자신의 부모님을 우선순위에 놓고서, 부모님의 뜻대로만 살아가다가 어느 날 자기 삶이 아니었음을 후회한다. 어떤 사람은 일을 우선순위에 놓고서 살아가다가, 결국 자기 인생에 일 말고는 아무것도 없었음을 깨닫는다. 혹자는 돈을 우선순위로 두고 살아가다가 돈도 잃고 사람도 잃어버린 삶 앞에서 허망해진다. 나중에 후회하지 않도록 언제나 자신의 삶에 '나'라는 존재가 흐려지지 않아야 한다.

 내 모습을 잘 지켜내면서 살아가고 싶다. 일을 사랑하며 즐기고 있고, 가정과 일이 잘 양립된 지금의 내가 좋다. 전처럼 일을 우선순위에 두었다가 몸과 마음을 피폐하게 두지 않을 것이다. 일에 치여서 살아가는 게 아니라, 내가 좋아서 하는 일을 바쁘게 해내야 하는 건 행복으로 다가

왔다. 소중한 것들은 소중하지만, 나 자신보다는 덜 소중하다는 사실을 인지하고 행동한다. 그래야 내 삶이 나답게 흘러가게 된다.

어딘가에서 이런 질문을 받았다.
"글을 쓰는 작가가 되어서 죄책감을 느끼는 때가 있나요? 주변 사람들에게 미안할 때가 있다면 언제인가요?"

질문자는 작가 지망생이라고 그랬다. 언젠가 내가 걷고 있는 길을 걷게 될 자신의 삶을 미리 구상해보려는 것 같았다. 나는 한 번도 죄책감을 느껴본 적이 없다고 답했다. 과도한 업무시간이 작가의 단점이지만, 그게 주변 사람에게 미안할 일은 아니다. 내가 선택한 내 삶에서 최선을 다하며 살아가는 일인데 미안할 필요가 없었다. 오히려 미안하다면 나에게 미안하다. 좋아하는 일을 해야겠다는 고집과 의지로 성취한 직업이다. 조금이라도 더 수월하게, 마음 편히 살아갈 수 있었던 선택지를 포기하고 지금을 택한 건 나였다. 그래서 미안함도 나에게 미안하고, 고마움도 나에게 고맙다.

모든 것에 대하여 우선순위를 '나'로 두고 결정한다. 내가 행복한 일인지, 좋아하는 것인지, 하고 싶은 것인지 나 자신에게 물어본다. 나로 인해 선택했으면 그 책임 또한 내가 온전히 지겠다는 뜻이다. 자신의 삶에 최선을 다하고, 본인의 결정을 존중하면서 살아가야, 삶에 나다움이 가득 찰 수 있게 된다.

삶의 축을 나라는 사람으로 단단히 고정해놔야 한다. 그래야 정신없이 흔들리는 삶이 넘어지지 않는다. 그 누구도 대신 살아줄 수 없고, 책임져 줄 수 없는 당신의 삶을 당신이 힘껏 보듬어 안아주기를 바란다. 무엇보다 당신의 인생에서 가장 중요한 것은 당신이다. 결국 모든 선택과 살아감의 몫은 '나' 자신이다

시간의 흐름을
체감하는 순간들

((

나이가 한 살씩 늘어날수록 남에게 할 수 있는 말이 줄어든다. 처한 상황이 모두 다르다는 걸 알기 때문에 표현 하나에도 조심하는 수밖에 없어졌다. 친구라 하더라도 내 완전한 속마음을 터놓지 못한다. 내가 느끼는 감정이나 생각들을 오롯이 보여줄 수 있는 사람이 이제는 남편밖에 없다.

어렸을 때는 친구들에게 크고 작은 고민들을 쉽게 터놓을 수 있었다. 비슷한 학생이라는 신분이었기에 그다지 누굴 질투하지도, 부러워하지도 않았었다. 자아가 완전히 정립되지 않았던 청소년기에는 어떤 주제에 대해서도 편하게 말할 수 있었다. 지금은 그럴 수 없다. 어떤 포인트에서 질투를 느낄지, 무슨 뉘앙스에서 서로 불쾌해질지 모른다. 분명 좋은 친구라는 걸 안다. 내 이야기를 하면 자기 이야기처럼 들어줄 사람이라는 걸 알아도 조심하게 된다.

내가 나이를 드는 만큼 부모님도 나이가 들어가시고 있다는 게 느껴진다. 딸의 작은 하소연에도 마음 졸이실 테고, 속상해하실 게 뻔하다. 복잡한 심경이나 답답한 상황을 말하면 다 괜찮다고 그럴 수도 있다고 쿨하게 대답하실 것이다. 말과는 다르게 분명 전화를 끊고 나서 내 걱정에 밤잠을 설칠지도 모른다. 부모님은 언제나 내 편이 되 줄 사람이라는 걸 누구보다 잘 알고 있다. 세상에서 나를 가장 사랑해주시는 분들이시기에 더욱더 말을 조심한다.

남편은 나에게 남편이자, 친구이자, 오빠이자, 동료이다. 내 모든 걸 그대로 들어주고 받아주는 남편이 있어서 다행이다. 나를 온전히 보여줄 수 있는 사람이 있다는 사실만으로도 살아감에 커다란 힘이 된다. 어떤 말을 해도 오해하지 않고, 어떤 생각을 말해도 그럴 수 있겠다며 수긍해줄 사람이 남편이라서 감사하다.

편하게 말할 사람이 사라지고, 내가 먼저 말을 조심하게 되는 게 나이가 들어간다는 뜻인 것 같다. 사실 거울을 볼 때나 미용실에 갈 때도 매일 보는 얼굴이라서 한 살씩 늘어나고 있다는 걸 잘 느끼지 못한다. 새치염색을 해야 할 만큼 흰머리 개수가 늘었지만, 막상 나이 듦이 체감되지는 않았다. 자연스럽게 나이 들어가는 과정이라고만 막연히 생각했었다. 정작 시간의 흐름이 피부로 닿게 느껴지는 것은 오랜만에 만난 친구와의 대화였다. 반가운 마음도 여전하고 좋아하는 마음도 똑같지만, 어디까지 말해도 되는지 싶었다. 가볍고 무겁지 않은 주제들의 대화가 대부분이었다. 이 친구와는 수박 겉핥기식 대화를 하지 않을 거라고 생각했었던 게 내 오만이었다.

엄마는 나에게 살아보니까 남편밖에 없다는 말을 자주 하셨다. 엄마 아빠는 원래부터 사이가 좋은 부부셨다. 엄마도 친구들보다는 아빠와 함께 다니는 걸 좋아하셨고, 아빠도 자신의 여가를 엄마와 보내려고 하셨다. 내 주변 친구들 부모님을 보면 사실 그런 부부가 많지 않아서, 우리 부모님이 특이하다고만 생각했었다. 지금도 본가에 가면 엄마 아빠가 거실에서 장난치는 소리가 방 안으로 들어올 때가 많다. 막상 내가 결혼해보니, 우리 부모님이 특이한 게 아니었다. 자연스러운 부부의 모습이었다. 그렇게 나에게도 가장 좋은 친구는 남편이 되었다.

아마 앞으로는 더욱더 사람들과 말하는 게 조심스러워질 것이다. 해야 할 말과 하지 말아야 할 말을 구별했던 것을 넘어서, 더 고민하게 된다. 혹시나 기분 상할까 봐 거르는 말이 생기고, 만약에라도 내 이야기가 질투가 될까 봐 삼켜낸다. 말들은 시간이 갈수록 다시 더 촘촘한 채에 걸러질 테고, 좋은 일에 대해서는 함구하려고 할 것이다.

시간이 흐른다는 건 내 곁에 가장 편안한 사람 한 명만 남게 되는 것일지 모르겠다. 점차 타인에게 할 말이 줄어들게 되고, 타인의 일에 굳이 관여하지 않게 된다. 어쩌면 어른이 되는 과정은 말로 인해 불편해지는 것보다 침묵으로 편안함을 선택하는 게 아닐까 싶다.

나이가 들어간다는 뜻 중 중요한 사실 하나는
편하게 말할 사람이 하나둘 사라지고, 또 사라지고.
내가 먼저 그 상대에 편안함을 위해,
조심하게 되는 게 아닐까.

어쩌면 어른이 되는 과정은 말로 인해 불편해지는 것보다
침묵으로 편안함을 선택하는 게 아닐까.

앞으로 어떻게 살아야 할까요?

(

 '살다'라는 동사 앞에 '어떻게'라는 부사가 붙는 질문이 하염없이 떠오르는 그런 날이 있다. 교복을 입었던 시절부터, 성인이 되고 나서 사회생활을 하게 된 후로도 가끔 나타나서 괴롭히던 질문이었다. "나는 이제 어떻게 살아야 하지?"

 재수까지 했지만 입시에 실패했을 때, 몇 년을 준비한 시험에서 최종 합격자 명단에 들지 못했을 때, 가고 싶었던 회사에 떨어졌을 때, 엉키고 망가져 버린 관계의 조각에 찢겨 상처가 났을 때 생각했다. 나는 앞으로 어떻게 살아야 할까. 계획했던 것과 동떨어져 버린 현실 자체가 고통이었다. 목표와는 동떨어진 현실에 순응해야 한다는 사실을 인정하기 힘들었다. 하나의 목표만을 위해 살아왔다고 해도 과언이 아니었는데 그 목표가 나의 것이 되지 못했다. 내 삶이 더는 가치 없는 것 같다는 느낌을 받을 정도였다.

많은 실패를 겪었다. 얕은 실패의 웅덩이들도 건너고, 너무 깊은 좌절의 우물에서 한참을 허우적거리다 겨우 나오기도 했었다. 몇 번의 자맥질 끝에 알게 된 게 있다면, 삶은 어떻게 해서든지 살아진다는 것이었다. '어떻게 살아야 하지?'라는 질문에 답하는 것을 미뤄놓고 당장 내가 해야 할 일들과 책임져야 할 것들에 집중했다. 수습되지 않은 감정과 일을 가지고 새로운 무언가를 계획하고 준비하기에는 내 안에 에너지가 없었다. 쉽게 답을 내릴 수 없는 질문에 억지로 답을 찾으려 하지 않았다.

때로는 너무 중요한 문제는 덮어두고 일상을 지탱해가는 소소한 일에 집중하는 시간도 필요했다. 내 주변을 청소하고, 그동안 미뤄두었던 이불을 빨고, 냉장고 정리를 하고, 저녁에 먹을 반찬거리를 사 오고, 몸을 움직이다 보면 지금을 사는 데 집중하게 된다. 그렇게 오늘을 보내고, 내일을 살고, 일주일을 지낸다. '살다'라는 동사가 가진 가장 일차원적인 의식주 문제에 집중하면 신기하게도 조금씩 에너지가 차오르는 게 느껴진다.

너무 큰 시련 앞에서 다음을 생각하기 전에 그 문제로부터 잠시 피해 있는 것도 방법이다. 일단 내 몸과 마음을 추스르고 난 후에 다음을 어떻게 해야 할지 강구하는 것이다. 당장 무얼 할지, 왜 살아야 하는지 아무런 의지도 희망도 없는 상태에서는 '앞으로 어떻게 살아야 할까'라는 질문에 답이 나올 수 없다. 몸도 마음도 어느 정도 괜찮아졌을 때, 그제부터 어떻게 살아야 할지 고민을 할 차례이다.

잔인한 말일 수 있지만, 모든 노력이 다 성공을 만들어주지는 않는다. 아쉬운 실패의 결과를 가져오기도 하고, 예상했던 적 없는 뜻밖의 시련을 마주치기도 한다. 실패 앞에서 우리는 두 가지 갈림길에 서게 된다. 다시 해볼 것인지 멈추고 다른 걸 해볼 것인지. 이 갈림길에서부터는 당신의 몫이다. 어떤 길을 가볼지는 오롯이 자기 자신만이 결정할 수 있는 문제이다.

나는 두 가지 길을 다 걸어봤다. 다시 해보기도 했고, 깨끗이 포기한 뒤 새로운 길로 향하기도 했다. 그 선택에 대한 결과를 묻는다면, 실패하기도 했고 성공하기도 했다고 답하고 싶다. 성공과 실패는 또 하느냐, 멈추느냐, 새로운 것을 하느냐의 단순한 선택에 연계된 결과가 아니다. 나는 선택을 했고, 그 길에서 최선을 다했을 뿐이다. 거기에서 뭔가 부족한 점이 있었고, 운이 나빴다면 실패로 끝난다. 반대로 부족함 없이 준비했고, 운까지 뒷받침해 줬다면 성공이란 결실을 얻게 된다.

어떻게 살아야 할까. 그 질문이 떠오를 때마다 나는 이렇게 대답한다. '어떻게든 살아봐야지.' 내가 할 수 있는 일부터 해보면 거기서 다시 길이 보이고, 그 길을 따라가다 보면 더 큰 길이 보이는 게 삶이었다. 먼저 치밀하게 계획을 세우고 지도를 만든다고 해서 내가 안전하게 목적지에 도달하는 것은 아니었다. 철저한 계획보다 중요한 것은 꾸준함이었다.

아무런 꿈이 없고 무엇을 해야 할지 모르겠어도 괜찮다. 꿈은 누가 알려주는 것도 아니다. 내가 찾아내고 만들어 가는 것이다. 지금은 뭘 해야 할지 모르겠어도 목표가 생기면, 자연스럽게 할 일들이 나타나게 된다. 빨리 꿈을 가져야 된다고 조급할 필요는 없다. 지금은 아무것도 알 수 없어도, 흐릿한 형체가 보이다가 곧 또렷한 꿈을 찾아내게 될 것이다. 지금 꿈이 없다는 것은 현재 바라는 일이 없다는 뜻이지, 평생 꿈이 생기지 않을 것이라는 의미가 아니다.

어떤 삶의 모습을 살게 될지 마음껏 상상하고 꿈꿨으면 좋겠다. 미리 걱정하고, 포기할 필요는 없다. 살아감은 모두가 처음이기에 낯설고 완벽하지 않다. 그렇기에 지나고 보면 더 값진 경험이었다고 회상할지 모른다. 지금의 좌절감은 훗날의 용기가 될 테고, 아쉬움은 성장의 발판이 되어 당신을 훌쩍 자라게 만들어 줄 것이다.

세상의 속도와 내 속도가 달라도, 모두가 가는 방향과 나의 방향이 조금 엇나가도 자신을 믿어주길 바란다. 삶은 길고 고된 여정이다. 시간은 흐른다. 지금은 어제가 될 것이고, 내일은 오늘이 될 것이다. 흘러가는 시간을 아쉬워하거나 무서워만 할 것 없다. 지금이라는 시간 안에서 나만의 삶을 살아가면 된다. 어떻게 살아야 할지 문득 고민이 든다면 이제는 당신 스스로가 당신에게 답변해 줄 차례이다. 지금껏 살아왔듯 잘 살아가면 된다고.

급히 따라가다 보면 어떤 게 나인지 점점 잊어가곤 한다.
용기 내는 것만큼 두려운 게 타인의 시선이라서.

삶은 길고 고된 여정이다.
세상의 속도와 내 속도가 달라도,
모두가 가는 방향과 나의 방향이 조금 엇나가더라도,
오늘도 '나'를 위해 '나'를 믿는다.

이뤄내고 싶은 것들

(

괜찮은 어른이 되고 싶다. 조금 더 구체적으로 좋은 엄마가 되고 싶다. 언제나 나를 아낄 줄 알고, 자기 일을 사랑할 줄 알고, 가족을 위해 노력하는 그런 모습을 꿈꾼다. 성인이 되고, 직업이 생기고, 결혼해서 가정을 꾸리고, 자녀 계획을 하면서 내가 더 좋은 어른이 되어야겠다는 생각을 많이 한다.

어느 정도 나이가 됐다거나, 경제적으로 안정적이라고 해서 내면까지 온전히 독립적인 어른이 저절로 되는 것은 아니다. 수많은 고민과 흔들림, 수천 번의 휘청임을 이기고 나서야 강인해지는 게 진짜 어른일 것이다. 아마, 살면서 수많은 휘청임을 겪어내는 게 부모의 삶이 아닐까 생각한다.

우리 부부는 아직 아이가 없다. 부모가 된다는 것은 쉽게 결정할 수 있는 문제가 아니었다. 아이를 키운다는 것은 엄청난 책임감과 끝없는 사랑이 동반되어야 하는 일이다. 아이를 낳기만 한다고 저절로 엄마다운 엄마, 아빠다운 아빠가 되는 게 아니라는 걸 여러 매체들을 통해서 봤었다. 진짜 내가 엄마가 될 준비가 되었는지, 남편이 아빠가 될 준비가 되었는지 서로 고민할 시간이 필요했다. 아무리 경제적인 준비가 되어있다고 하더라도, 정서적인 준비도 잘되어 있어야 할 것 같았다.

남편과 나는 자녀 계획을 하면서 육아에 대해서 많은 대화를 나눴다. 어떤 마음을 가진 아이로 키우고 싶은지에 대해서 자주 이야기를 했었다. 우리는 둘 다 상위권 성적을 가진 학생이었고, 남이 봤을 때 제법 괜찮은 스펙을 갖고 있었다. 그런 것들을 가장 중요시 여기며 키우고 싶지 않다. 당연히 삶에서 중요한 것들 중에 하나이고, 그런 것들을 해내는 과정에서 배우는 게 너무 많다는 것을 잘 알고 있다. 다만, 좋은 성적이나 스펙보다 더 중요한 게 있었다. 건강한 마음이었다. 사람은 모든 일을 다 성공만 하면서 살 수 없다. 실패해도 자신을 미워하지 않고, 넘어져도 툭툭 털고 일어날 용기가 있는 마음이 무엇보다 중요했다. 그런 마음을 갖고 살아가는 아이로 키우고 싶다는 이야기를 자주 했다.

실패를 의연하게 넘기는 대범함과 세상의 따뜻함과 차가움을 모두 받아들이는 담대함을 갖게 해주고 싶다. 엄마 아빠는 함께 의논해줄 수는 있지만, 대신해줄 수 없는 일이 훨씬 더 많다. 공부하는 것도, 목표를 갖는 것도, 삶을 꿈꾸는 것도 오롯이 스스로 해야 하는 일이다. 행여 아이가 넘어졌다면 다친 상처에 연고를 발라줄 수는 있어도, 들쳐업고서 도착 지점까지 대신 걸어가 줄 수는 없다. 부모로서 우리가 해줄 수 있는 건 응원해주고 믿어주는 일이다.

나에게 왔던 고난이나 시련보다 아이에게 온 힘듦을 보는 게 더 고통스러울 것 같았다. 그걸 내색하지 않는 엄마가 될 준비가 이제야 된 것 같다. 내 작은 아픔에도 어쩔 줄 몰라 하던 시간이 지나서, 조금 더 넓은 마음으로 세상을 바라보게 되었다. 희망의 꽃이 꺾이면 다시 희망의 씨앗을 심으면 되는 것이고, 세찬 빗줄기가 쏟아지면 우비를 입고서 걸어가면 되는 것이었다. 그걸 깨닫고 나서야, 나도 엄마가 되고 싶어졌다.

나는 어떤 엄마가 되어야 할까 많이 고민했다. 긴 고민 끝에 드디어 내 마음에 드는 답을 찾았다. '자랑스러운 엄마'가 되는 걸 목표로 삼기로 했다. 아이가 내 자랑이 되는 게 아니라, 내가 아이의 자랑이 되는 멋진 작가이자 자랑스러운 엄마의 삶을 살고 싶다. 내가 우리 엄마를 생각하면 마음 한쪽이 자랑스러워지듯이, 내 아이도 나를 생각하면 자랑스러움이 가득 차올랐으면 좋겠다.

아이는 부모의 자랑이 아니고, 부모의 분신도 아니다. 하나의 독립된 개체로서 온전히 인정하고 바라보는 지혜로운 부모가 되려고 노력하는 중이다. 우리에게 인정받기 위해 연연하지 않아도, 언제나 우리가 인정하고 지지하고 있음을 느끼고 살아가도록 커다란 나무 같은 부모가 되기를 꿈꾼다.

지금도 어른이지만 진짜 어른으로 되어가는 과정을 현명하게 겪어내고 싶다. 모든 게 처음이라 해도 어설프지 않고 의젓하고 담대한 엄마가 될 준비 중이다. 아직 가보지 않은 시간이기에 다소 두려움도 있지만, 미리 걱정하지 않으려고 한다. 우리만의 방식으로 좋은 아빠, 좋은 엄마의 삶을 준비하려고 한다. 한층 더 깊어진 시각과 넓어진 마음으로.

새로운 삶을 준비하려고 한다.
더 깊어진 시각과 더 넓어진 마음으로.

깊고 넓어 헤아릴 수 없는 바다처럼.

행복해지는 방법

))

 행복해지는 방법에 대해서 명쾌한 답변을 할 수 있으면 좋겠지만, 나도 아직 행복에 대해서 알아가고 있다. 순간적으로 짜증이 확 올라오는 날도 있고, 별거 아닌 일에 눈물이 왈칵 쏟아질 것처럼 침울한 날도 있다. 안정된 감정으로 살기 위해 노력할 뿐이지, 안정된 감정선으로 살아가는 사람은 아니다. 어차피 괜찮아질 것이라는 걸 알고, 지금의 좌절이 영원하지 않을 거라는 믿음이 있기에 의연해졌을 뿐이다.

예전의 나는 행복을 모르는 사람이었다. 이상하게 행복해지려고 애쓸수록 행복은 멀어지는 것 같았다. 나중에 행복해지려고 현재의 나를 혹사시키는 게 당연했다. 지금 즐거우면 큰일이라도 나는 것 같아서 날마다 나를 각박하게 옭아매고 살았었다. 긴장을 풀고 편안하게 지낸 하루의 끝에서는 원인 모를 불안감이 생겨났다. 더 열심히 살아야 하고, 힘들어도 무조건 참아야 한다고 자신을 다그치는 게 익숙했다. 모든 게 불안정하게만 느껴졌던 그 시기에는 행복을 느끼는 방법조차 모르고 있었다.

행복은 어디에선가 오거나, 누군가가 내 행복이 되거나, 먼 미래에 존재하는 것이라고 막연히 생각했었다. 행복의 주도권을 갖고 있지 않았었다. 행복해지기 위해 했던 행동들은 역설적이게도 일상을 텁텁하게 만들었다. 행복에 연연하고, 더 잘하려고 채근할수록 정작 그것들이 나에게 독이 되었던 것 같다. 행복하려고 무언가를 하려고 할 게 아니라, 아무것도 하지 않으면 됐었다. 행복이 의무가 되면, 오히려 마음은 그것을 부담으로만 인지했다.

내가 생각하기에 행복은 찾는 게 아니라 느끼는 것이다. 어떤 한 가지만으로 행복이 만들어지는 일은 흔치 않다. 그저 일상에서 수시로 나타나는 행복들을 마주하기만 해도, 충분히 행복한 날들을 보내게 된다. 나 같은 경우는 글 한 편이 완성될 때, 남편과 손잡고 걸어 다닐 때, 예쁜 카페에 가서 커피와 맛있는 빵을 먹을 때, 책을 읽을 때, 잠이 들 때도 행복하다. 섬세하게 느껴보면 하루 중에서 행복한 순간은 참 자주 등장한다.

언젠가 담이와 밥을 먹다가 행복에 대한 이야기가 나왔다. 행복에 대한 질문에 그녀가 답했다.

"언니, 저는 제가 꼭 행복하지 않아도 돼요. 불행하지만 않으면 된다고 생각해요. 이렇게 맛있는 것도 언니랑 먹고, 재밌게 이야기하고 그거면 돼요."

행복하지 않아도 된다고 말하는 담이의 눈이 참 예뻤다. 그녀는 감정이 풍부한 사람이다. 불행만 하지 않으면 된다고 하지만, 사실 그녀와 하루를 보내보면 곳곳에서 행복들이 보인다. 카페에 갔을 때 주문한 소금빵이 조그마한 크기였다. 그녀는 작은 소금빵이 너무 귀엽다며 함박웃음을 짓더니, 사진을 찍었다. 귀여워서 먹어도 되는지 모르겠다며 조심히 베어 물던 그녀의 곁에는 행복이 우수수 떨어져 있었다. 일상의 작은 행복들을 있는 힘껏 느끼고 있는 그녀였다.

행복과 감사는 조금 닮아있는 존재인 것 같다. 모든 것이 알고 보면 감사한 일이듯이, 행복 또한 마찬가지다. 맛있는 식사를 해서 행복하고, 볕이 좋아서 행복하고, 별일 없는 하루라서 행복한 것이다. 특별하고 근사한 식사를 해야 하거나, 멋진 휴양지에서 휴가를 보내야 하거나, 엄청난 행운이 생긴 날만 행복이 아니다. 지금이라는 모든 순간들이 어떻게 보면 행복의 순간이다.

행복은 어디에나 있고, 언제나 가질 수 있는 존재다. 행복해질 수 있는 또렷한 방법은 없지만, 누구나 행복을 느낄 수는 있다. 별것 아닌 걸로 치부하고 넘어갈 것인지, 작은 감사와 행복으로 받아들일 것인지. 당신의 마음가짐이 행복의 열쇠가 되어줄 것이다.

당신의 오늘은 행복이었을 것이다. 만약 행복하지 않은 하루였다고 생각하고 있다면, 행복한 순간들을 놓쳤을 뿐이다. 당신은 불행과 어울리지 않는 행복을 닮은 사람이다. 행복이 스쳐 지나가게 놔두지 말고 붙잡아내길 바란다. 당신의 매 순간은 행복으로 반짝일 테니까.

"제가 꼭 행복하지 않아도 돼요.
불행하지만 않으면 된다고 생각해요.
이렇게 맛있는 것도 먹고, 재밌게 이야기하고 그거면 돼요."

행복은 어디에나 있고, 언제나 가질 수 있는 존재다.
행복해질 수 있는 또렷한 방법은 없지만,
누구나 행복을 느낄 수는 있다.

별것 아닌 걸로 치부하고 넘어갈 것인지,
작은 감사와 행복으로 받아들일 것인지.
당신의 마음가짐이 행복의 열쇠가 되어줄 것이다.

"행복이 스쳐 지나가게 놔두지 말고 붙잡아내길 바랍니다."

정 담 이

김 유 은

〈 정담이 작가 〉 끝맺음 말

마음껏 보고, 듣고, 느끼며
지금이라는 시간을 열심히 살아가세요.
아직 오지 않은 날들 때문에
오늘을 얼룩지게 만들지 마세요.

솔직해지세요.
보고 싶음을 숨기지 말고
즐거운 감정을 감추지 말고
마음껏 보고 싶은 사람들을 만나고
쉴 새 없이 웃으며 살아가세요.

시간이 지난 후에 후회하지 않게
지금의 당신을 많이 아껴주세요.
부디 많이 행복하세요.

〈 김유은 작가 〉 끝맺음 말

나다운 삶을 살아가세요.
타인의 눈치를 보느라 길을 잃지 마세요.
평정심을 가지세요.
감정들 사이에서 넘어지지 않도록
차분히 생각하고 행동하세요.

자신에게 관대해지세요.
사람은 누구나 실수할 수 있고
넘어질 수 있다는 걸 인정해주세요.

'만약'에 연연하지 말고
'지금'에 집중하세요.
언젠가 그리울 오늘일 테니까요.
오늘의 당신을 열심히 사랑해주세요.

난 내가 꼭 행복하지 않아도 돼

©정담이 ©김유은 2022년

초판 1쇄 인쇄 2022년 08월 17일
초판 1쇄 발행 2022년 08월 30일

지은이 ㅣ 정담이 김유은

펴낸이 ㅣ 박우성

펴낸곳 ㅣ 좋은북스

신고번호 ㅣ 제2019-00003호

주소 ㅣ 경기도 파주시 회동길 145 (파주출판도시)

전화 ㅣ 031-939-2384

팩스 ㅣ 050-4327-0136

이메일 ㅣ goodbooks_@naver.com

인스타그램 ㅣ instagram.com/goodbooks.official

ISBN 979-11-90764-31-5 03810

· 이 책의 저작권은 출판사와 저자에게 있습니다.
· 이 책은 저작권법에 의해 보호를 받는 저작물이므로 출판사의 허락 없이 내용의 일부를 인용하거나 발췌하는 것을 절대 금합니다.